시네마트료시카

한국외국어대학교 러시아연구소
HK 연구사업단 학술연구총서 14

시네마트료시카

영화로 보는 오늘의 러시아

라승도 지음

HU:iNE

머리말

러시아가 우리에게 가까이 다가와 시선을 끌었던 때는 역사상 여러 번 있었다. 가장 최근에는 2014년 2월 소치 동계올림픽과 그 직후 터진 우크라이나 사태, 크림 반도의 러시아 귀속, 서방의 대러 경제 제재 과정에서 러시아는 우리 언론 매체에도 자주 오르내리며 관심의 대상이 되었다. 하지만 이때 우리 앞에 나타난 러시아의 이미지는 여전히 낯설다 못해 조금은 거부감이 들기도 했다. 소치 올림픽 당시 개최국 텃세와 부당한 판정으로 한국 선수가 피해를 봤다는 견해나 러시아가 우크라이나 동남부 유혈 분쟁의 배후 조종자라는 가설 등이 러시아에 대한 부정적 고정관념을 심화하는 데 일조했던 것이다. 이처럼 지난 1~2년 사이 러시아 안팎에서 벌어진 일련의 상황들로 러시아에 대한 관심이 커지기도 했지만, 동시에 러시아에 대한 인상이 나빠지기도 했다.

그러나 러시아의 이미지는 특정한 사건이나 사태의 맥락 안에서만 파악하고 규정할 수는 없다. 오늘날 러시아가 어떤 모습이고, 러시아 사람들이 어떻게 살고 있는지 제대로 이해하려면 당연히 다양하고 객관적인 접근법이 필요하다. 이런 점에서 영화는 러시아에 직접 가보지 않고도 오늘날 러시아 삶의 민낯을 들여다보고 러시아 사람들의 참모습을 파악해볼 수 있는 훌륭한 접근 수단 가운데 하나이다. 특히 러시아 영화는 1991년 소련 붕괴 이후 혼란과 분열 속에서 과거에 누리던 두둑한 재정지원이 사라지면서 고사 직전의 상태에 놓이기도 했지만, 그런데도 '격동의 1990년대'(лихие 1990-е годы)에는 물론이고 새천년에 들어와서도 러시아의 당면 현실과 현안을 계속해서 고스란히 반영했다. 또 러시아 영화는 소련 시절부터 이어져 온 고유한 문화 전통과 문맥에 서서 당대 러시아 사회에 필요한 도덕적 가치를 설파하고 민족적 경험과 집단적 정체성을 논구하는 데서도 중요한 기능을 담당했다. 게다가 러시아 영화는 천 년에 걸쳐 도도하게 흘러온 역사의 물줄기에 아로새겨진 러시아 민족의 문화적 기억을 풍부한 시각 이미지에 담아 전달했다. 이처럼 역사와 현실 속 러시아의 다채로운 이미지는 영화라는 공감각 매체 속에서 가장 생생하고 역동적으로 되살아난다.

이 책은 소련 붕괴 이후의 현대 러시아, 특히 2000년대 푸틴 시대 러시아의 다채로운 변화상을 반영하고 있는 대표적인 영화 작품들을 소개하고 각 작품에 나타난 주요 주제들을 논의한다. 러시아가 우리에게 여전히 미지의 나라이고 러시아에 대한 이해도 아직 부족한 상황에서 일반 대중이 접근하기 어려운 최신 러시아 영화를 소개하는 일은 한편으로는 러시아를 더 낯설게 보이게 할 수도 있지만, 다른 한편으로는 러시아에 대해 느끼는 거리감이나 거부감을 줄이는 데 어느 정도 이바지할 수 있다고 생각한다. 또 이 책에서 다루는 영화 작품들이 대부분 한국 대중에게 소개되지 않았다는 사실은 러시아와 우리의 문화적 접촉 또는 교류가 그만큼 미진하거나 편향돼 있음을 방증하기도 하지만, 동시에 러시아를 알고 이해할 수 있는 경로가 그만큼 무궁무진하다는 점을 뒷받침하기도 한다. 세계 최초의 사회주의 국가 수도였던 모스크바가 소련 붕괴 이후 20여 년에 걸쳐 소비 자본주의의 첨단을 달리는 글로벌 도시로 숨가쁘게 탈바꿈해온 일련의 과정 속에는 포스트소비에트 시대 러시아 자체와 러시아인의 역동적인 변화상이 고스란히 담겨 있다. 이 책에서 소개하고 논의하는 『인어공주』와 같은 영화들은 한국의 일반 대중이 바로 이러한 변화상과 그 안에 담긴 내적 의미를 파악하고 더 나아가 러시아의 당면 문제와 미래 비전을 이해하는 데서 적절한 길잡이가 될 수 있을 것으로 생각한다. 이와 동시에 전쟁영화 『스탈린그라드』와 전기영화 『전설의 17번』은 러시아 사람들에게 '조국은 어디에서 시작하는가?'라고 끊임없이 물으며 애국주의 사상을 선전하고 주입하는 러시아 정부의 문화정책이 낳은 산물로서, '러시아 국가와 민족의 이념적 지향성'을 엿볼 수 있는 좋은 사례라고 할 수 있다.

이 책은 한국외국어대학교 러시아연구소 인문한국(HK) 연구사업(KRF-2009-362-B00005)의 한 부분으로 발행되는 계간지 『Russia & Russian Federation』에 실린 글을 묶어 '러시아 인문공간' 학술연구총서로 출판됐다. 또 이 책은 학술지에 발표한 논문을 새로 구성해 일부 장으로 추가했다. 이 책이 나오는 데 도움을 주신 러시아연구소 김현택 소장님과 연구진, 한국외국어대학교 지식출판원과 신선호 과장님에게 감사드린다.

2015년 2월

라승도

목 차

1장

동화적 원형의 현대적 변주:
『글라네츠』와 『인어공주』

1장

동화적 원형의 현대적 변주: 『글랴네츠』와 『인어공주』

블라디미르 푸틴 대통령의 집권기, 특히 집권 2기(2004~08년) 동안 '노브이 루스키'(Новый русский)나 '올리가르흐'(Олигарх) 등 러시아 신흥부호들의 과도한 소비행태는 동시대 러시아 사람들 사이에 과소비 욕망을 자극하고 최첨단 유행을 선도하는 등 '자본주의 리얼리즘'의 새로운 '문화적 신화'를 창조했다. 더욱이 매스미디어와 일반 대중의 뜨거운 관심을 한 몸에 받았던 이들의 호화로운 생활양식은 21세기 러시아를 매혹적 이미지의 '스펙터클 사회'로 탈바꿈시킨 서구식 글래머(Гламур)[1] 현상이 당대 러시아의 일상생활과 대중문화 속에 광범위하게 확산되는 풍조에도 지대한 영향을 끼쳤다. 요컨대, 2000년대 푸틴 시대에 들어와서 상대적으로 안정된 사회질서와 경제번영 속에서 '노브이 루스키'와 '올리가르흐'들이 주도한 새로운 서구식 소비생활은 러시아 문화를 서구 문화와 거의 동등한 수준으로 끌어올렸다.

이와 관련하여 각별히 주목할 사실은 2000년대 러시아 사회를 강타한 과소비 심리 속에는 1990년대의 암울하고 신산스런 삶과 현저하게 대비되는 화려하고 풍요로운 삶에 대한 욕망이 크게 작동하고 있었다는 점이다. '소비로 초대하는 현실의 연출되고 구성된 이미지'로서 글래머가 윤택하고 아름다운 이상적 삶에 대한 환상적 비전을 심어주며 21세기 러시아의 '새로운 이념'으로까지 급부상하여 러시아 사람들의 물질세계는 물론이고 정신계까지 지배하게 된 것도 바로 이와 같은 맥락에서였다. 이런 특징적 현상은 푸틴 집권 말기인 2007년 12월 '러시아 어문학 교사 국제협회' 주관 아래 러시아 최초로 실시된 '올해의 말' 선정에서 '글래머'란 말이 압도적 1위를 차지한 사실에도 잘 반영되어 있다.

이처럼 글래머는 푸틴 시대에 발흥한 새로운 소비문화와의 밀접한 연동 속에서 나타나 러시아 삶의 거의 모든 영역에 깊숙이 스며들고 도처에 편재하는 압도적 문화 현상으로서 광범위하게 확대 재생산되었다. 하지만 푸틴의 러시아에서 글래머는 포스트소비에트 시대 '자본주의 리얼리즘'의 외면세계만을 화려하게 치장하는 시각적 상징이나 기호, 장식 등으로만 단순히 머물지 않았다. 비가시적 차원에서도 글래머는 러시아 '문화의 형식'이자 러시아 '사회의 존재화된 성분'이 되었고, 더 나아가 러시아 사람들의 내면심리나 의식 속에까지 깊숙이 파고들었기 때문이다. 특히 '소비의 제국'이 되었다고 해도 과언이 아닌 푸틴의 러시아에서 나타난 신흥부호들의 극단적이고 무분별한 소비행태는 '체르누하'(Чернуха, 1990년대 암울한 현실을 묘사하는 현대 러시아 문학과 영화 예술의 하위 장르 가운데 하나)로 대변되는 1990년대의 궁핍하고 암울하고 신산했던 삶과 확연하게 대비되는 풍족하고 화려하고 아름다운 삶에 대한 열망이나 욕망의 무절제

한 분출로 해석할 수 있는데, 이때 그런 열망이나 욕망의 (비)가시적, (직)간접적 표현 양식이자 매개 수단이 된 것이 글래머의 매혹적 이미지이자 인공적 아우라였다.

글래머가 한편으로 '소비주의를 삶의 한 방식으로 조장하는 현혹적 환영'으로서 부정적 의미를 갖든, 다른 한편으로 풍요롭고 아름다운 이상적 삶의 필수 이미지로서 긍정적 의미를 갖든, 부정할 수 없는 사실은 그것이 푸틴 시대 러시아 사회의 외면세계는 물론이고 러시아 국민의 내면심리까지도 압도적으로 지배한 특징적인 문화 현상이었다는 점이다. 이 점은 '글로벌 도시'를 넘어 '글래머 도시'가 되었다 해도 과언이 아닐 정도로 현란한 외관을 갖춘 모스크바 거리에서 절찬리 판매되었던 광택잡지에서부터 풍족하고 윤택한 생활상을 제시하며 매일 사람들의 이목을 사로잡는 TV 광고나 연속극에 이르기까지 각종 매스미디어를 장악한 '글래머 담론'의 폭증과 범람에서 가장 잘 뒷받침된다.

일반적으로 자본주의 소비사회에서 글래머 현상은 프레데릭 제임슨이 말한 '피상 숭배' 또는 외관 중시 경향과 함께 번성하는 패션, 미용, 사치 산업 등에서 가장 뚜렷하게 발견된다. 또한, '자본주의 사회의 매혹과 욕망의 언어'로서 글래머는 광택잡지, 각계각층의 저명인사들이 출연하는 TV 토크쇼, 상류사회의 풍요롭고 호화스런 삶을 묘사하는 드라마, 소비사회의 꽃으로 불리는 광고 등 대중매체나 대중문화의 휘황찬란한 세계에서도 필수불가결한 성분이다. 2000년대 푸틴 시대에 들어와서 경제적, 사회적 안정을 상당 수준으로 회복한 러시아 사회에서 일어난 글래머도 이와 크게 다르지 않았다. 심지어 이 시기 러시아에서 글래머는 오일 달러에 힘입어 과열되기 시작한 건설과 부동산 시장에까지 널리 확산되어 주거용이든 상업용이든 호화건물의 건축과 설비, 관측 과정에서까지 반드시 고려해야 하는 필수 요소가 되었을 정도였다.

그러나 '누구든지 자기 자신들의 보다 낫고, 보다 매력적이며, 보다 풍족한 모습으로 탈바꿈될 수 있는 기동적이고 상업적인 사회에 대한 약속을 담고 있는' 글래머는 더 풍족하고 아름다운 생활을 원하는 사람이면 그 누구에게나 공평하게 열려 있다는 점에서 민주적이라고 할 수 있지만, 동시에 그것은 경제적으로 능력 있고 선택받은 소수 사람들에게 집중된다는 점에서 배타적일 수밖에 없다. 이런 배타적 차원 외에도 글래머는 소비생활과 대중매체에 의해 연출되고 구성된 이미지로서 본질적 속성상 연극적, 현혹적 성격으로 인해 곧잘 비판의 도마 위에 오르내린다.

이런 면에서 특별한 주목을 요하는 것은 동시대 러시아 문화예술계에서 글래머 현상을 비판적으로 바라보는 관점이나 입장이다. 특히, 러시아 대중문학계에서 글래머 신드롬을 불러일으키며 화려하고 풍족하고 아름다운 삶의 비전을 긍정적 시각에서 묘사하고 제시한 옥사나 롭스키(Оксана Робски)의 대중소설 『캐주얼(*Ca$ual*)』(2005) 같은 소설과는 사뭇 다르게 러시아 영화계에서는 최근 글래머 현상에 정면으로 접근하며 노골적으로 풍자, 비판하는 작품들이 잇따라 선보였다. 더욱 흥미로운 점은 몇몇 영화 작품들이 윤택하고 아름다운 이상적 삶에 대한 환상적 비전을 심어주는 글래머에서 구성 내용의 본질적 부분이 되는 기적 같은 동화 세계의 변신 이야기들을 영화 서사의 공통분모이자 주요 모티프로 삼고 있다는 사실이다. 그러나 이런 작품들은 화려한 삶의 변신 이야기에서 흔히 일어나는 행복한 결말을 결코 보여주지 않고 관객의 기대지평을 여지없이 전복시킨다. 이 영화 작품들은 화려한 글래머 세계의 어두운 단면들을 낱낱이 들춰내며 글래머의 현혹적, 기만적 본질을 폭로하면서 글래머에 빠져 있는 개인이나 집단의 그릇된 행태나 심리를 신랄하게 꼬집고 있기 때문이다.

이와 관련하여 매우 흥미로운 영화는 푸틴 시대 말기에 나온 안드레이 콘찰롭스키(Андрей Кончаловский) 감독의 『글랴네츠』(Глянец, 2007)이다. 광택이나 광채, 윤기를 뜻하며 글래머와 글자 그대로 의미론적 등가를 이루는 단어가 제목 속에 선명하게 부조되어 있는 데서 알 수 있듯이, 이 영화는 무엇보다도 먼저 내용적 측면에서 러시아 글래머 문화에 대해 정면으로 접근하며 그 화려하고 풍족한 삶의 이면에 놓여 있는 부정적 양상들을 적나라하게 폭로, 풍자하고 있기 때문이다. 다음으로 형식적 측면에서 이 영화는 남자 혹은 여자 주인공이 비천하고 남루한 삶에서 행복하고 풍족한 삶으로 탈바꿈하는 "거지와 왕자"나 "신데렐라" 같은 동화들의 원형적 모티프나 플롯 요소들을 영화 서사의 기저에 깔고 있어 더욱 흥미로운데, 이는 글래머 문화의 본질적 부분에 해당하는 윤택하고 아름다운 삶에 대한 동경과 열망을 보여주는 동화적 원형의 현대적 변주에 다름 아니다.

다른 한편, 『글랴네츠』는 같은 해에 출시된 안나 멜리캰(Анна Меликян) 감독의 영화 『인어공주』(Русалка, 2007)와 모종의 대화 관계를 형성하고 있어 더욱 주목할 만하다. 이 영화에서도 푸틴 시대의 글래머 문화가 모스크바라는 거대도시의 외면풍경에서 사람들의 내면세계에 이르기까지 시종일관 서사 세계의 주요 배경이자 내용이 되고 있을 뿐만 아니라, 그 제목에 명시되어 있는 것처럼 동화적, 신화적, 민속-문학적 요소들이 영화 형식이나 내용의 근저에 깊이 스며있기 때문이다. 실제로 글래머 시대의 러시아 현실에 새로운 동화적 상상력으로 접근하며 영화 서사와 주제를 구성하는 방식 등 거시적 차원에서는 물론이고, 환상적, 비극적 요소 등 미시적 차원에서도 두 영화 사이에는 마치 무의식의 교감이라도 있었던 것처럼 밀접한 연관관계가 존재한다.

콘찰롭스키의 『글랴네츠』

2007년 여름에 선보인 영화 『글랴네츠』는 콘찰롭스키가 그의 창작 이력에서 새롭게 선보인 작품의 내용과 형식으로 현대 러시아 영화와 대중문화의 측면에서도 특별한 의미를 지닌다. 제목에 분명하게 드러나 있듯이, 이 영화는 무엇보다도 먼저 푸틴 시대에 소비문화의 바람을 타고 러시아에 상륙한 서구식 글래머 현상을 정면으로 취급하고 있다는 점에서 특히 의미심장하다. 실제로 영화 서사의 내용에서 『글랴네츠』는 러시아 상류사회의 중심세력을 형성하고 있는 '노브이 루스키'나 '올리가르흐'들의 무분별한 소비행태나 행동거지는 말할 것도 없이 패션, 광고, 사교계 파티, 대도시의 현란한 외관 등 이들을 둘러싸고 있는 화려하고 사치스러운 생활상, 소비로 이끄는 현실의 연출되고 구성된 이미지들로 가득하다.

그러나 이 영화에서 안드레이 콘찰롭스키는 작품 서사의 출발점이나 주요 지점들에 걸쳐 풍족하고 호화로운 이미지의 글래머 세계와 현격하게 대비되는 '체르누하'의 암울하고 신산스런 세계를 병치시키면서 동시대 러시아 사회의 극단적 양면성을 가감 없이 드러내 보이고, 그럼으로써 궁극적으로는 영화 서사 안에 서로 다른 가치나 이상들의 대립구조를 굳건하게 확립한다. 이 점은 영화 서사의 시작을 알리는 장면들에서 여주인공의 고향으로 소박하다 못해 비루하게 묘사되는 지방도시 로스토프-나-도누 사람들의 가난하고 남루한 생활상이 여주인공의 상경과 함께 현란하게 제시되는 거대도시 모스크바 사람들의 풍족하고 화려한 생활상과 극명한 대비 구도를 형성할 때 가장 분명하게 드러난다.

이후 콘찰롭스키는 다양한 환상적 기법을 통해서 시간적으로나 공간적으로 서로 다른 두 세계를 반복적으로 강조해서 보여준다. 이때 여주인공의 기억이나 꿈의 몽환적 상태에서 지방 로스토프는 유년시절의 잃어버린 목가 세계를 시사하며 나타나는 반면, 수도 모스크바는 자본주의 소비문화의 상품과 유행에 의해 연출되는 기만적 외관의 환상적 이미지로 묘사된다. 달리 말하자면 영화에서 포스트소비에트 자본주의 리얼리즘의 수도 모스크바는 발터 벤야민이 19세기 모더니티의 수도 파리를 분석하는 『아케이드 프로젝트』에서 말한 판타스마고리아(phantasmagoria)의 환영적 세계에 다름 아닌 것으로 제시된다. 영화에서 묘사되는 모스크바의 휘황찬란한 외관과 그 안에 살고 있는 사람들의 풍요롭고 호화로운 삶은 글래머의 화려하지만 공허한 현혹적 이미지로 장식되어 있을 뿐이기 때문이다.

글래머 현상과 관련하여 『글랴네츠』에서 주목해야 할 또 다른 중요한 측면은 이 영화 속에 신데렐라 동화의 원형적 모티프가 현대적으로 변주되어 있다는 점이다. 이러한 사실은 로스토프의 봉제공장에서 일하던 시골뜨기 처녀인 여주인공 갈랴가 수도 모스크바로 무작정 상경하여 갖은 우여곡절 끝에 소위 말하는 '루블료프카 아가씨'처럼 올리가르흐의 부인이 되는 행운을 얻어 마침내 가난한 삶 속에서도 항상 동경해 마지않던 아름답고 행복한 삶의 이상을 실현하게 된다는 영화 서사의 내용 속에서 쉽게 확인할 수 있다. 실제로 갈랴는 로스토프-나-도누의 가난한 집안에서 부권을 완전히 상실한 주정뱅이 늙은 아버지와 그런 아버지를 인간 이하로 매몰차게 취급하는 어머니를 뒤로 하고 평소 TV와 잡지 광고를 보며 동경했던 패션모델이 되기 위해 대도시 모스크바로 떠난다. 하지만 금방이라도 실현될 것만 같았던 패션모델의 이상을 품고 도착한 모스크바에서 갈랴가 맞닥뜨린 현실의 벽은 너무나도 높기만 했다. 모스크바에 상경하자마자 찾아간 패션잡지사에서 어디를 봐도 모델 자격에 모자란다는 조롱의 말을 듣고 냉엄한 현실을 절감한 갈랴는 패션디자이너의 하찮은 도우미로 일을 하게 되는데, 이 과정에서 할리우드 영화배우 그레이스 켈리를 닮은 외모 덕분에 그녀는 우연히 패션 사진작가의 눈에 띄어 백만장자 올리가리흐의 부인이 되는 행운을 거머쥐면서 모델로서도 자신의 꿈을 실현하는 것처럼 보인다.

그러나 다른 한편에서 볼 때 이 영화는 여주인공 갈랴가 영화 서사의 마지막 부분에 가서 자신의 남편이자 올리가르흐인 클리멘코의 보디가드로 예기치 않게 나타난 옛 남자친구 비초크에게 비정하게 살해된다는 점에서 동화의 행복한 결말에 대한 관객의 일반적 기대지평을 여지없이 무너뜨린다. 이렇게 허무한 비극적 죽음과 함께 끝나는 영화 서사의 공식 종결 이후 보너스로 제시되는 장면들에서 여주인공 갈랴가 다시 한 번 모습을 드러내는데, 이때 그녀는 할리우드의 유명배우에서 모나코 대공 레니에 3세의 공비로 더욱 화려하게 탈바꿈한 현실 속 신데렐라 그레이스 켈리를 그대로 모사한 듯이 단아하고 아름다운 자태로 구성된 사진의 인공적 이미지로 제시된다. 여기서 갈랴는 발터 벤야민의 말처럼 자신의 실제적 본질을 상실한 채 오직 허구적 사진 이미지로만 남아 기계 복제되어 광택잡지의 표지를 장식하며 확대 재생산되는데, 이는 실체보다는 매끈한 인공과 가상의 장식적 표면에 더 열광하고 집착하는 동시대 러시아 사회의 경박한 소비문화 풍조에 대한 신랄한 풍자와 비판에 다름 아니다.

멜리캰의 『인어공주』

2000년 데뷔 이후 지금까지 서너 편의 작품만 내놓았을 정도로 아주 짧은 안나 멜리캰의 영화 창작에서 『인어공주』는 특별한 위치를 차지한다. 이 영화는 무엇보다도 그 참신한 내용과 형식으로 러시아 국내외의 상업적 흥행과 예술적 평가에서 좋은 성적을 거두면서 거의 무명의 신예감독이나 다름없었던 멜리캰에게 기라성 같은 러시아 영화감독들 사이에서 당당한 자리를 차지할 수 있는 기회를 마련해주었기 때문이다. 이 점은 『인어공주』가 2008년 아카데미 외국어영화상 부분에 러시아 대표작으로 출품되었다는 사실이 잘 뒷받침해준다.

실제로 영화 『인어공주』는 작품 내적으로 흥미롭고 독창적인 요소들을 적지 않게 내포하고 있다. 이와 관련하여 가장 먼저 주목해야 할 점은 그 제목에 선명하게 제시되어 있는 것처럼 다양한 동화적 모티프뿐만 아니라 다양한 민속적, 신화적 요소들이 영화 서사의 표층과 심층을 관류하며 다채롭게 변주되면서 웅숭깊은 의미론적 반향을 불러일으키고 있다는 사실이다. 이렇게 동화적 상상력의 현대적 변주를 분명하게 보여주고 있다는 점에서 멜리캰의 『인어공주』는 같은 해에 나온 콘찰롭스키의 『글랴네츠』와 기본적으로 비슷하지만, 그 구체적 양상은 훨씬 더 복잡 미묘하다. 『글랴네츠』에서는 동화적 구조나 요소가 주로 신데렐라 이야기에서 나오고 있지만, 『인어공주』에서는 동화적 상상력의 원천이 안데르센의 동화 '인어공주', 푸시킨의 동화 '황금물고기', 러시아 민담 '루살카'나 '바보 이반', 그리스-로마 신화의 '비너스' 이미지 등으로 훨씬 더 풍부하기 때문이다.

그럼에도 불구하고 『인어공주』는 많은 점에서 『글랴네츠』와 유사한 내용을 담고 있다. 가장 먼저 『인어공주』의 주인공 알리사는 『글랴네츠』의 갈랴처럼 흑해 연안의 한 시골 마을을 떠나 거대 도시 모스크바로 상경하여 광고로 특징지어지는 화려한 글래머의 인공적 이미지 세계로 빨려 들어간다. 특히 그녀는 광고회사를 위해 휴대전화 모양의 선전인형을 쓰고 모스크바 시내를 돌아다니는데, 이때 더 아름답고 더 행복한 삶을 약속하면서 소비를 부추기는 모스크바 도심 곳곳의 화려한 광고판이나 광고문구들이 순간순간 끊임없이 제시된다. 그러나 이러한 장밋빛 약속들은 알리사의 개인적 삶과는 무관한 것이며 화려한 세계의 위험하고 어두운 이면을 감추고 있을 뿐이다. 이러한 기만적, 현혹적 측면은 콘찰롭스키의 영화 『글랴네츠』에서처럼 아주 흡사하게 영화 서사의 중간 중간에 화려한 외관을 갖춘 모스크바의 모습이 주마등처럼 스쳐지나가는 판타스마고리아의 어지러운 세계로 제시되는 데서도 쉽게 확인할 수 있는데, 이런 세계에서 결국 알리사는 갈랴와 마찬가지로 허무한 비극적 죽음을 맞이한다.

또한 알리사에게서는 갈랴에게서와 마찬가지로 꿈과 같은 몽환적 세계가 몇 번에 걸쳐 반복적으로 나타나곤 하는데, 이러한 장면들은 이상적 삶을 약속하는 글래머의 현란한 이미지들로 점철된 대도시 모스크바의 어지러운 환영적 세계와는 뚜렷하게 구별되는 것으로, 마르크 샤갈의 몽환적 그림들에서 보는 것처럼 순진무구한 동심의 세계를 시사한다. 그러나 알리사의 동심은 물질과 외면에 집착하는 주변 세계와 사람들에게 어떤 공감도 불러일으키지 못하는 것으로 끝이 난다. 동화나 신화, 민속의 원천들에서 볼 수 있는 것처럼 그녀가 마법적인 신묘한 예지력이나 순수한 선행 등으로 주변 사람들을 돌봐주고 심지어 사랑하게 된 사람의 목숨까지도 몇 번에 걸쳐 구해주지만 그들은 알리사의 진정한 내면적 본질을 끝내 알아채지 못하고 오직 숨 가쁘게 돌아가는 일상현실과 물질세계에만 관심을 집중하고 있기 때문이다. 이런 점에서 알리사가 모스크바 도심의 대로에서 전혀 예기치 않게 대형트럭에 치어 숨지고 난 직후 제시되는 영화의 마지막 장면은 암시하는 바가 매우 크다고 할 수 있다.

안데르센의 동화에서 인어공주가 죽고 나서 하늘의 대기 속으로 사라지듯 이 영화에서 알리사도 그와 비슷하게 하늘 위로 올라간 모습으로 제시되고 있지만, 그녀의 모습은 자신이 사랑했던 사샤가 달나라 땅 판매업을 위해 찍은 광고 사진으로만 박제된 듯 모스크바 도심의 건물 위에 걸려 있는 것으로 밝혀진다. 『인어공주』는 이렇게 영화 서사의 마지막 부분에서도 『글랴네츠』와 아주 비슷한 양상을 보여주는데, 이는 소비사회와 글래머 문화의 세계에서는 인위적으로 연출된 외적 형상이 자연적으로 형성된 내적 실체보다 훨씬 더 강력한 힘을 발휘하며 사물과 현실에 대한 이성적 판단을 흐리게 한다는 것을 보여주는 무언의 강력한 비판에 다름 아니다.

이상에서 알 수 있는 것처럼 『글랴네츠』와 『인어공주』 두 영화에서 궁극적으로 찾을 수 있는 문화사적 의미는 이들이 동화적 원형의 현대적 변주를 통해서 글래머 이미지로 단장된 2000년대 푸틴 시대 포스트소비에트 자본주의 리얼리즘이 유토피아 이미지로 포장된 1930년대 스탈린 시대 소비에트 사회주의 리얼리즘과 본질적으로 다르지 않다는 것을 암암리에 지적하고 비판한다는 데에 있다. 포스트소비에트 시대 자본주의 리얼리즘과 소비에트 시대 사회주의 리얼리즘의 러시아 삶은 모두 연출되고 구성된 현혹적, 기만적 이미지에 지배되고 있기 때문이다.

2장

글로벌과 글래머 사이:

포스트소비에트 모스크바의 영화 이미지

2장

글로벌과 글래머 사이: 포스트소비에트 모스크바의 영화 이미지

1991년 소련 붕괴 이후 러시아에 새롭게 도입된 시장경제체제는 수도 모스크바의 문화적, 사회적 풍경 변화에 심대한 영향을 끼쳤다. 시장경제로 체제전환이 급속히 이뤄지면서 도시의 물리적 외관도 우중충한 사회주의 색채를 벗고 다채로운 자본주의 빛깔을 띠기 시작했다. 이러한 변화는 무엇보다도 먼저 모스크바 중심가 곳곳을 화려하게 장식하며 우후죽순처럼 나타난 자본주의 소비상품의 전시와 광고에서 확연하게 드러났다. 과거 이 자리에는 사회주의 혁명을 대표했던 레닌, 마르크스, 스탈린 등의 대형 초상화나 사회주의 유토피아의 찬란한 미래를 약속했던 각종 표어가 내걸려 있었다. 하지만 소련 붕괴 직후 시장경제체제가 전격 도입되면서 이들은 모스크바 표면에서 하루아침에 사라졌다. 그 대신 지금 여기의 행복한 삶을 약속하는 소비 자본주의의 화려한 상품 이미지들이 물밀 듯이 쏟아져 나오면서 도시의 외양도 나날이 달라졌다.

이런 식으로 소비에트 체제 해체 이후 모스크바 도시 외관에 새롭게 새겨진 시장경제와 소비 자본주의의 얼굴은 1990년대 러시아에 상륙한 세계화 물결을 타고 더욱더 다채롭게 변모했다. 모스크바의 역사적, 전통적 면모는 세계화 경향으로 말미암아 도시개발 과정에서 관심의 뒷전으로 점점 더 밀려날 수밖에 없었던 반면, 글로벌 대도시의 위상 제고를 뒷받침하는 현대성의 세련된 이미지가 포스트소비에트 시대 모스크바의 도시 풍경에서 새로운 중심을 차지했다. 이러한 모스크바 도시 풍경의 중심 이동은 1990년대 후반 착수되어 지금까지 10여 년 동안 장기 프로젝트로 진행되고 있는 국제비즈니스센터 '모스크바-시티' 건설 현장에서 가장 극명하게 나타난다. 초고층 건물들이 대규모로 밀집해서 '도시 속의 도시'로 불리는 '모스크바-시티'는 국제 금융자본의 허브와 첨단 현대생활의 중심을 동시에 지향하면서 모스크바의 글로벌 대도시 이미지를 강화하고 대표한다.

한편, 2000년대 푸틴 시대에 들어와서 러시아 경제가 오일 달러에 힘입어 상대적 안정을 찾으면서 모스크바의 도시 풍경과 일상생활도 다시 한 번 커다란 변화를 맞이한다. 특히 이 시기 러시아 사회를 강타한 소비주의와 글래머 문화의 초호화 이미지 속에서 모스크바는 마침내 '자본주의 리얼리즘'의 최첨단을 달리는 명실상부한 글로벌 대도시 대열에 동참한다. 실제로 '누구든지 더 낫고, 매력적이며, 풍족한 모습으로 탈바꿈할 수 있는 기동적이고 상업적인 사회에 대한 약속을 담고 있는' 휘황찬란한 글래머 이미지의 범람은 21세기 모스크바가 '자본주의의 매혹과 욕망의 언어'가 압도적으로 지배하는 '소비의 사회'임을 명시적으로 보여준다. 포스트소비에트 시대 20년 동안 모스크바 도시의 상전벽해 같은 변화는 이처럼 글로벌과 글래머 사이에서 숨 가쁘게 진행됐는데, 이런 변화의 다양한 양상과 중요한 의미는 영화 매체의 시각 이미지를 통해서 가장 명징하게 드러난다.

글로벌과 글래머 사이에서 거듭난 포스트소비에트 모스크바의 영화 이미지는 2007년 동시에 출품된 안드레이 콘찰롭스키의 영화 『글랴네츠』와 안나 멜리캰의 영화 『인어공주』에서 동화적 상상력의 현대적 변주를 통해서 제시된 바 있다. 이 두 영화는 모스크바의 도시 생활과 풍경이 소비 '자본주의의 꽃'으로 불리는 광고와 패션의 화려한 글래머 세계를 중심으로 속도감 있게 펼쳐지는 작품으로서 동시대 모스크바의 영화적 재현이라는 관점에서 매우 주목할 만하다. 『인어공주』와 『글랴네츠』는 특히 내면적 실체가 부재하는 이미지의 과잉 소비가 모스크바 도시 풍경 전체를 압도하고 더 나아가 그 안의 인간관계까지도 심각하게 왜곡·훼손하고 있음을 신랄하게 꼬집는다. 여자 주인공이 각각 패션과 광고의 표면 이미지로 전락하는 두 영화의 결말은 글로벌과 글래머 시대의 모스크바가 이제는 인간 존재(의 개별성)까지도 소비상품으로 욕망하고 물신화하는 비인간적 도시가 되었음을 가차 없이 비판한다.

이처럼 글로벌과 글래머 사이에서 피상숭배와 상품소비 도시로 변모한 모스크바의 영화 이미지는 최근 일고 있는 소비에트 시대 인기 작품의 개작 열기에서도 분명하게 감지되고 있어 흥미를 더한다. 이런 점에서 가장 주목할 만한 소비에트 영화의 개작 작업은 포스트소비에트 시대 20년이 되는 올해 3월 17일 개봉한 사릭 안드레아샨(Сарик Андреасян)의 영화 『사내연애 - 현대편』(Служебный роман - наше время)이다. 이 작품은 소비에트 시대 러시아 코미디 영화의 거장 가운데 한 사람인 엘다르 랴자노프(Эльдар Рязанов)의 1977년 작

『사내연애』(Служебный роман)를 현대적으로 개작한 것이다. 이 개작과 원작 사이에는 30여 년의 시간 간격만큼이나 크고 현저한 차이점이 많이 발견되는데, 그중에서 가장 이채로우면서도 의미심장한 점은 소비에트와 포스트소비에트 시대 모스크바의 도시 이미지에서 찾을 수 있다.

주지하듯이, 랴자노프의 영화는 대부분 모스크바를 공간적 배경으로 삼고 있는데, 2007년 랴자노프 자신에 의해 『카니발의 밤, 또는 50년 후』(Карнавальная ночь, или пятьдесят спустя)로, 티무르 베크맘베토프(Тимур Бекмамбетов)에 의해 『운명의 아이러니 - 속편』(Ирония судьбы - продолжение)으로 각각 개작된 1956년 작 『카니발의 밤』(Карнавальная ночь)과 1976년 작 『운명의 아이러니, 혹은 목욕 잘 하세요!』(Ирония судьбы, или с лёгким паром!)에서도 모스크바가 영화 서사의 주요 공간이 되고 있다. 그러나 모스크바의 영화 이미지에서 『사내연애』는 『카니발의 밤』이나 『운명의 아이러니』와도 현격한 차이점을 드러낸다. 예를 들어, 『카니발의 밤』과 『운명의 아이러니』에서는 모스크바의 외면 풍경이 전혀 나타나지 않거나 제한적으로만 등장하는 것과 달리 『사내연애』에서는 모스크바의 내적 공간뿐만 아니라 외적 풍경도 굉장히 자주 제시된다. 이러한 모스크바 이미지는 『사내연애 - 현대편』에서도 그대로 이어진다.

그렇다고 『사내연애』 원작과 개작 사이에 모스크바 이미지의 차이점이 전혀 존재하지 않는다는 것은 아니다. 오히려 그 반대로, 모스크바의 영화 이미지는 원작과 개작 사이에서 더욱더 극명한 대비 속에 나타난다. 이는 무엇보다도 먼저 소비에트와 포스트소비에트 모스크바 이미지 사이의 시간적 거리감에서 발생하는데, 시대적 격차는 다시 도시 이미지의 외면적 특징에 분명한 차이점을 부여한다.

실제로 『사내연애 - 현대편』은 모스크바 도시 풍경이 원작의 시점에서 30여 년이 흐른 세월만큼이나 깊은 변화가 있었음을 영화 서사 곳곳에 걸쳐 제시한다.

이와 관련하여 주목해야 할 대목은 정확히 영화 서사 중간지점에서 제시되는 최첨단 시설의 국제비즈니스센터 '모스크바-시티' 건설단지이다. 이 대목에서 주인공의 시선에 잡힌 '모스크바-시티'의 웅장한 모습은 소비에트에서 포스트소비에트로, 사회주의에서 자본주의로 시대와 체제가 확실히 바뀌었음을 굳게 뒷받침해준다. 또한, 이것은 모스크바 풍경의 중심이 역사적 도시의 전통 공간에서 글로벌 도시의 현대 공간으로 재편되고 있음을 가장 분명하게 보여주는 시각적 상징물이 되기도 한다. 뿐만 아니라, 여기서 '모스크바-시티'는 사람들의 일상적 생활과 사회적 관계가 지금까지와는 또 다른 방식으로 형성될 수 있는 중요한 문화적 공간으로 암시되기도 한다.

이런 맥락에서 강조해야 할 것은 '모스크바-시티'가 크게 부각되는 이 대목에 앞서 남녀 주인공의 외면적 변화가 일어나고 그들의 관계도 새로운 국면으로 발전하는 극적 전환이 이뤄진다는 점이다. 사실, 극중에서 여주인공 류드밀라 칼루기나는 신용평가 회사의 대표로서 많은 부하직원을 거느리고 있지만, 검은 뿔테 안경을 걸친 경직된 얼굴에다 무뚝뚝하고 까칠한 성격으로 다른 사람들과의 관계가 원만치 못하다. 바로 이런 이유 때문에 류드밀라는 '음울하고 무뚝뚝한 여자'을 뜻하는 '미므라'(мымра)로 조롱당하며 주변 사람들에게 기피 대상이 된다. 그러던 어느 날 류드밀라는 발끝에서 머리끝까지 화려한 변신을 시도하는데, 그녀의 외모 변화는 음울하고 무뚝뚝한 이미지를 털어내고 산뜻하고 세련된 이미지를 창출하는 데서 나온다. 이런 식으로 그녀는 '미므라'에서 '글래머'로 재탄생하는데, 이 과정에서 부하직원 노보셀체프와의 관계도 직장의 공적 상하관계에서 연인의 사적 수평관계로 전환되기 시작한다.

이상에서처럼 『사내연애 - 현대편』은 극적 전환점이 되는 영화 서사 중간지점에서 인간과 도시의 이미지 변신 과정을 거의 동시에 보여주고 있는데, 이러한 변신의 핵심 의미는 글로벌과 글래머 사이에서 찾을 수 있다. 여기서 짐작할 수 있듯이, 최근 러시아 영화에서는 모스크바의 도시 풍경과 인간 생활이 글로벌과 글래머 문화의 강한 영향 아래 화려하고 낙천적이며 이상적인 이미지 속에 인위적으로 구성되고 연출되는 경향이 짙다. 그러나 다른 한편에서 볼 때, 인위적 이미지 구성과 연출은 언제나 기만과 현혹의 위험성을 동반하기 마련이고, 그로 말미암아 현실 왜곡과 가치 전도 현상이 일어난다. 『사내연애 - 현대편』이 한계를 드러낼 수밖에 없는 이유도 이런 데서 찾을 수 있다. 인간 생활과 도시 풍경의 화려한 외적 이미지는 피상 숭배와 상품 소비를 부추기고 행복한 삶에 대한 환상만을 심어줄 뿐, 현실 모순과 갈등을 인식하고 해결하려는 노력에는 아무런 보탬이 되지 못한다. 이 영화의 한 장면에서 볼 수 있듯이, 이런 상황에서는 이상사회 건설을 꿈꾸고 실천한 혁명가 체 게바라마저도 한낱 상품의 이미지로만 숭배되고 소비될 따름이다.

3장

모바일 도시:

페테르부르크의 유동적 세계

3장

모바일 도시: 페테르부르크의 유동적 세계

1991년 소련 붕괴 이후 현재까지 20여 년 동안 유리 마민(Юрий Мамин)의 『파리로 향한 창』(Окно в Париж, 1993)에서 알렉세이 발라바노프(Алексей Балабанов)의 『화부』(Кочегар, 2010)에 이르기까지 각기 다른 많은 영화에서 상트페테르부르크 도시 공간은 다양한 접근 방식과 주제 설정, 독특한 미학 기법을 통해 묘사·제시됐다. 이와 관련하여 한 가지 특기할 점은 포스트소비에트 시대 페테르부르크 도시 공간의 영화적 재현 역사에서 중요한 이정표가 존재한다는 사실이다. 도시 자체의 역사에서도 중대한 전환점이 되었던 2003년 페테르부르크 창건 300주년이 바로 그것이다. 이해 5월부터 6월까지 한 달간 페테르부르크에서는 역사적인 도시 창건 300주년을 맞아 다채로운 기념행사가 성대하게 거행됐다. 이에 앞서 2년 전부터 페테르부르크는 그동안 모스크바의 그늘에 가려 낙후됐던 모습을 털어내고 21세기형 문화 수도이자 관광 도시로 거듭나기 위해 도시의 문화적 면모를 새롭게 재구성 또는 재조명하는 작업에 박차를 가했다.[1] 특히, 이 과정에는 러시아 문화예술계도 적극 호응하며 동참했는데, 가장 대표적인 예가 알렉산드르 소쿠로프(Александр Сокуров), 엘다르 랴자노프, 비탈리 멜니코프(Виталий Мельников) 등 러시아 영화계의 기념 영화 제작행보였다.[2]

이 가운데서 가장 주목할 만한 영화는 페테르부르크의 '에르미타시'(Эрмитаж) 박물관을 주요 배경이자 주인공으로 하는 소쿠로프의 『러시아 방주』(Русский ковчег)이다. 그러나 러시아-독일 합작으로 제작된 이 영화는 곧바로 러시아에서 상영되지 않았다. 영화는 2002년 5월 22일 프랑스 칸 국제영화제에서 첫선을 보인지 약 1년 후인 2003년 4월 19일 러시아에서 처음 개봉됐다. 이처럼 『러시아 방주』의 국내 개봉이 늦어진 연유는 이 영화를 페테르부르크 창건 300주년 기념일에 맞춰 상영하기 위한 데서 비롯됐다. 이는 소쿠로프가 『러시아 방주』 촬영 작업을 마친 뒤 한 TV 방송과 가진 인터뷰에서 말한 내용으로 미루어 짐작할 수 있다. 이 인터뷰에서 그는 『러시아 방주』가 페테르부르크 창건 "300주년에 바치는 개인적 선물"이라고 밝혔다. 이와 동시에 그는 "페테르부르크에서 에르미타시 없는 삶은 있을 수 없습니다. 에르미타주가 없는 이 도시에 누가 관심을 두겠습니까?"라고 말했다.[3] 소쿠로프는 에르미타시가 마치 페테르부르크의 심장이자 전부인 것처럼 강조(하는 듯)했다. 그래서인지 『러시아 방주』에서 인물과 행위, 시공은 전적으로 에르미타시 박물관 안팎에만 집중된다. 이런 점만 놓고 볼 때도 『러시아 방주』는 페테르부르크 도시와 영화의 관계에서뿐 아니라, 더 나아가 러시아 문화사의 맥락 안에서도 중요한 의미가 있다.[4]

이와 함께, 페테르부르크 창건 300주년과 러시아 영화의 관계에서 주목해야 할 또 다른 영화로는 알렉세이 우치텔(Алексей Учитель)의 『산책』(Прогулка, 2003)을 들 수 있다. 감독 자신이 도시 창건 300주년에 관해 공식 견해를 표명하지는 않았을지라도, 이 영화 역시 2003년의 역사적 시점과 직·간접적으로 맞닿아 있다. 이는 일부 장면에서 짐작할 수 있듯이 창건 300주년에 맞춰 새롭게 정비·단장되는 영화 속 도시 거리의 공사현장 등에서 잘 드러난다. 이처럼 『산책』은 창건 300주년을 중심으로 한 페테르부르크 도시와 영화의 관계에서 『러시아 방주』와 일정한 공통점을 형성한다. 그러나 우치텔의 영화는 무엇보다도 21세기 포스트모던 페테르부르크의 동시대 현장성을 보여준다는 점에서 도시의 역사적 기억을 환기하고 문화적 의식을 자극하는 소쿠로프의 영화와 뚜렷한 차이점을 노정한다.[5] 게다가 행위와 사건이 일종의 다큐멘터리 형식 속에 대부분 도시 공간과 생활 세계 '외부'에서 실시간으로 진행된다는 점에서도 『산책』은 에르미타시 박물관의 특정 문화 공간 '내부'에서만 '역사 산책'이 이루어지는 『러시아 방주』와 명확하게 구별된다.

이처럼 우치텔의 『산책』은 페테르부르크 창건 300주년이라는 역사적으로 중대한 시점에 서 있으면서도 도시의 역사적 기억을 소환하고 문화적 의식을 일깨우는 대신 도시 공간과 생활 세계의 현재성(과 현대성)만을 전경화한다. 달리 말하자면, 러시아 문화의 '페테르부르크 텍스트'에 특징적인 도시의 역사적 상징성이나 신화적 아우라는 영화의 실제 행위와 사건 전개에서 특별한 의미론적 기능을 수행하지 않는다.[6] 이 영화에서는 여주인공이 도시 거리를 '산책'할 때 역사적 기억의 상징들, 예를 들면, '피의 구세주 사원'(Спас на крови), '청동기마상'(Медный всадник), '이삭 성당'(Исакиевский собор) 등이 빈번하게 나타난다. 잘 알려졌듯이, 과거에 이들은 페테르부르크 역사에서, 더 나아가 러시아의 민족 정체성과 관련해서도 중대한 의미가 있었다. 하지만 이들은 한 여자와 두 남자의 즉흥적 만남을 중심으로 펼쳐지는 사건과 행위에 특별히 관여되지 않고 단순한 배경 장소 또는 장식으로만 나타날 뿐이다. 요컨대, 『산책』에서 페테르부르크는 수많은 역사적, 문화적 기념물이 곳곳에 전시돼 있는 '박물관 도시'와도 같지만, 그들 사이에서나 그들과 인물들 사이에서도 긴밀한 의미 체계는 전혀 성립하지 않는다. 그들은 인물들 사이에서 즉흥적으로 형성되는 기만적 연극을 위한 무대 배경의 일부에 불과하다.

또한, 『산책』에서는 빠른 속도감과 운동감, 파격적 카메라 워크 등 다양한 촬영 장치와 편집 기법을 통해 활기 넘치는 21세기 페테르부르크 도시 공간과 생활 세계의 생생한 현장감과 현재성, 현대성까지도 효과적으로 시각화하여 보여준다. 이런 식으로 독특한 영화 미학과 예술 공간을 창조해낸다는 점에서 『산책』은 소비에트 시절 지가 베르토프(Дзига Вертов) 등의 1920년대 아방가르드 도시 영화나 게오르기 다넬리야(Георгий Данелия), 마를렌 후치예프(Марлен Хуциев) 등의 1960년대 해빙기 뉴웨이브 도시 영화를 떠올리게 한다.[7] 사실 『산책』에서 페테르부르크 도시 공간은 처음부터 빠른 속도감과 운동감으로 두드러진다. 제목에서 알 수 있는 것처럼 영화 속 페테르부르크는 처음부터 끝까지 기동성과 이동성, 더 나아가 유동성(liquidity)의 '모바일'(mobile) 도시에 다름 아니다.

더욱 흥미롭게도 이런 특징적 양상은 3년 뒤 2006년에 나온 옥사나 비치코바(Оксана Бычкова)의 데뷔작 『피테르 FM』(Питер FM)에서도 뚜렷하게 관찰된다. 이 영화는 러시아 '북방의 수도' 페테르부르크에 산뜻하고 세련된 도시 이미지를 부여하고 있다는 점에서 우중충한 느낌의 동시대 페테르부르크를 다룬 기존 영화들과 명확하게 구별된다. 특히, 이 영화에서는 페테르부르크의 오래된 문화적 기념비나 역사적 상징물이 전혀 눈에 띄지 않는다. 페테르부르크에 고유한 역사적, 신화적 요소가 영화의 서사 구조와 주제 구성 등에 전혀 참여하지 않는다는 말이다. 더욱이 『산책』에서와 마찬가지로 『피테르 FM』에서도 탈역사화, 탈신화화된 페테르부르크는 포스트모던 '모바일' 도시의 유동적 세계로 특징지어진다. 이는 주요 인물들의 인간적, 사회적 관계와 감정이 시종일관 라디오 방송과 '모바일' 전화(기)로 매개·형성·변화하고, 이 과정에서 그들이 만남을 위해 도시 공간 여기저기로 끊임없이 이동하는 데서 가장 명료하게 드러난다. 이렇듯 비치코바의 『피테르 FM』은 페테르부르크 도시 공간을 '모바일'의 새로운 감각적 경험 공간으로 재창조한다. 게다가 우치텔의 영화와 비슷하게 비치코바의 영화도 소쿠로프의 『러시아 방주』나 랴자노프의 『침실 열쇠』, 멜니코프의 『가엾고, 가엾은 파벨』에 나타난 도시 '역사 산책'이 아니라, 포스트모던 페테르부르크의 '유동하는' 세계에서 신세대의 "사랑과 청춘"[8]을 다룬다. 하지만 『산책』과 『피테르 FM』에 공통으로 나타나는 '모바일' 도시 이미지와 유동적 세계의 의미는 지금까지 어떤 식으로도 연구되지 않았다.

이 글에서는 2000년대 포스트소비에트 러시아 영화에서 탈역사화, 탈신화화된 페테르부르크 도시 공간과 생활 세계를 '모바일'의 관점에서 조망, 고찰한다. 여기서 '모바일' 개념은 페테르부르크 도시 공간의 물리적 이동성과 기동성뿐 아니라, 도시 생활과 인간 세계의 사회적 유동성과 가변성까지도 포함한다. 이러한 특성은 2003년 도시 창건 300주년에 맞춰 나온 우치텔의 『산책』과 그로부터 3년 뒤에 나온 비치코바의 『피테르 FM』에서 가장 잘 나타난다. 특히, 두 영화는 페테르부르크를 포스트모던 '모바일' 도시의 유동적 세계로 재창조하는 과정에서 시각과 청각 이미지를 각각 두드러지게 사용하는데, 이것이 영화의 주제 구성에서 무엇을 의미하는지도 심도 있게 분석해보고자 한다.

포스트소비에트 시대 20년 동안 '북방의 수도' 페테르부르크에서 일어난 가장 중요한 변화 가운데 한 가지는 1991년 소련 붕괴 직후 시민 투표로 확정된 도시 이름 변경에서 찾을 수 있다. 소비에트 시대 70년 동안 익숙했던 '레닌그라드'에서 원래의 '상트페테르부르크'로 개명을 결정한 것은 두 세기 이상 제국의 수도로 기능했던 페테르부르크의 영광스런 기억에서 소비에트 시절의 어두운 그림자를 털어내고 도시 본연의 역사적, 문화적 뿌리를 되찾고자 한 시도였다. 다시 말해 개명은 페테르부르크의 역사적, 문화적 정체성을 회복하고자 한 바람에서 나왔다. 그러나 이름을 바꿨다고 해서 페테르부르크의 과거 영광과 위상이 저절로 되돌아온 것은 아니었다. 유리 로트만(Юрий Лотман)의 연구에 따르면 페테르부르크는 천국이었던 동시에 지옥이었고, 유토피아의 이상 도시이자 반그리스도의 사악한 가면이었다.[9] 이러한 이중성은 과거 러시아 제국에서 '중심'(center)이었던 동시에 '주변'(periphery)이었던 페테르부르크의 위상학적 역설로도 잘 설명된다. 그러나 스베틀라나 보임(Svetlana Boym)이 "코스모폴리탄 지방"(cosmopolitan province)으로 규정한 데서 알 수 있듯이,[10] 개명 이후에도 페테르부르크는 소비에트 시절과 마찬가지로 여전히 주변적 상태로만 머물러 있었다. 게다가 사회주의에서 자본주의 시장경제로의 급격한 체제전환과 함께 일어난 1990년대 러시아의 사회·경제적 혼란상은 페테르부르크 도시 위상에서는 물론이고, 도시 공간과 생활 세계에서도 주변화(marginalization) 현상을 더욱더 부채질하기만 했다.

이와 관련하여 흥미로운 점은 '페테르부르크 신화'를 특징짓는 부정적 자질 가운데 하나로 꼽히는 도시 공간과 생활 세계의 혼란상[11]이 주변화나 파편화 현상과 함께 1990년대 포스트소비에트 '러시아 영화의 페테르부르크 텍스트'를 압도적으로 지배했다는 사실이다. 이는 1991년 소련 붕괴와 도시 개명 이후 1993년에 나온 유리 마민의 영화 『파리로 향한 창』에서부터 확연하게 드러난다. 이 영화에서 페테르부르크 도시 공간과 생활 세계의 혼란상은 쓰레기가 넘치고 악취가 진동하는 지저분하고 소란스러운 거리, 누추하고 낡아빠진 건물, 비좁고 어두운 집안 등이 대표한다.[12] 또한, 영화 속 벼룩시장은 도시 공간과 생활 세계의 주변화를 가장 잘 보여주는데, 이는 4년 뒤 1997년에 나온 알렉세이 발라바노프의 영화 『형제』(Брат)에서도 공동묘지와 함께 페테르부르크 도시 공간의 주변화를 표상한다.[13] 이처럼 1990년대 러시아 영화에서 페테르부르크 도시 공간은 주변화 또는 파편화 경향을 강하게 띠면서 질서보다는 혼돈, 삶보다는 죽음의 분위기가 엄습하는 '반-공간'(анти-пространство), 또는 빈곤과 굶주림, 알코올 중독으로 가득한 '반-세계'(анти-мир)의 부정적 이미지로 제시됐다.[14] 페테르부르크를 배경으로 하는 1990년대 영화 대부분이 동시대 러시아 사회와 생활을 암울하고 비참하게 묘사하는 '체르누하'(Чернуха) 장르에 속하는 이유도 여기에 있다.

한편, 소련 붕괴 이후 페테르부르크 역사에서 원래 이름의 회복만큼이나 의미심장한 사건은 2003년 도시 창건 300주년 기념식이었다. 이때 페테르부르크 시 정부는 역사적 전환점을 맞이하여 1990년대와는 다른 도시 이미지를 재개발 또는 재발견하기 위해 많은 노력을 기울였다. 이미 지적했듯이, 핵심은 풍부한 문화유산을 적극 활용하여 페테르부르크를 21세기형 글로벌 관광 도시로 변화시키는 것이었다. 그 결과 페테르부르크 도시 공간과 생활 세계는 소비에트 시절이나 그 이후 1990년대에 보던 우중충하고 쇠락한 모습과는 사뭇 대조적으로 산뜻하고 활기차고 풍요로운 면모를 띠기 시작했다. 이런 점에서 주목해야 할 것은 2003년 창건 300주년 전후로 나온 러시아 영화에서도 페테르부르크 도시 공간이 이전과는 판이한 모습을 보였다는 사실이다. 물론, 이 시기 영화에서도 1990년대 영화에서처럼 페테르부르크의 어두운 이미지는 여전히 존재했지만,[15] 도시의 화려하고 활기차며 역동적인 스펙터클 이미지가 알렉세이 우치텔의 『산책』에서처럼 2000년대 푸틴 시대 '페테르부르크 영화'에 처음 등장한 것은 분명히 놀라운 변화였다.

주지하듯, 1990년대 영화에서는 부랑자, 범죄자, 매춘부, 정신병자, 알코올 중독자 등 온갖 '비정상'이 출몰하고 폭력과 살인 등 파괴행위가 난무하는 페테르부르크 도시 공간의 주변부가 전면에 부상했다. 하지만 우치텔의 『산책』에서는 1990년대 초 유리 마민의 『파리를 향한 창』, 1990년대 말 알렉세이 발라바노프의 『형제』에서와는 현저하게 다르게 공동묘지나 벼룩시장, 암흑가나 뒷골목 풍경 등 주변부 지역이 아니라, 넵스키 대로(Невский проспект), 카잔 성당(Казанский собор), 고스티니 드보르(Гостиный двор) 등 중심 지역이 포스트모던 페테르부르크 도시 공간의 영화 이미지를 대표한다. 실제로 영화는 처음부터 페테르부르크 도심을 동서로 가로지르는 넵스키 대로(Невский проспект)부터 보여주기 시작한다. 구체적으로 설명하자면, 영화의 여주인공 올가는 아니치코프 다리(Аничков мост) 부근 넵스키 대로에서 '산책'을 시작하여 궁전 광장(Дворцовая площадь)까지 갔다가 다시 고스티니 드보르로 내려와 그리보예도프 운하

(канал Грибоедова)에서 잠시 멈춘다. 이때 한쪽으로는 카잔 성당이 나오고 다른 한쪽으로는 피의 사원이 보인다. 곧이어 올가의 산책 동선은 알렉산드로프스키 정원(Александровский сад), 청동기마상, 이삭 성당과 광장으로 이어진다. 이후 올가 일행이 바실리옙스키 섬(Васильевский остров)으로 들어가 즈베린스카야 거리(Зверинская улица)를 걷다가 크론베르크 강변(Кронверкская набережная)에서 산책을 멈추면서 영화의 대단원도 막을 내린다. 이런 점에서 우치텔의 『산책』은 포스트소비에트 시대 페테르부르크 도시 공간의 영화적 재현에서 '중심의 부상' 또는 '중심의 복귀'를 가장 집중적으로, 또 가장 밝은 모습으로 그린 영화라고 할 수 있다.

이처럼 올가의 산책 노선에 잘 나타나 있듯이, 영화 『산책』의 도시 공간은 넵스키 대로에서 바실리옙스키 섬으로 이어지는 페테르부르크의 중심부로 구조화돼 있다. 게다가 중심부는 많은 부분에서 과거 러시아 제국의 역사적, 문화적 기억이 깊이 아로새겨진 기념비적 건축물들로 무수히 장식되어 있다. 이런 점에서 영화 속 페테르부르크 공간 이미지는 신화적 아우라의 도시 역사, 더 나아가 러시아 문화사의 주요 장면들을 상기시키기에 충분하다. 그러나 도심을 점점이 수놓고 있는 기념비적 건축물들의 상징적 의미는 그 사이사이를 상하좌우로 가로지르며 빠르게 이동하는 올가 일행을 중심으로 한 행위나 사건 전개에서 밀접한 내적 연관성을 전혀 보여주지 않는다. 다시 말해 『산책』에서 페테르부르크 도심 공간의 전경화는 영화의 서사 구조나 주제 구성과 관련하여 긍정적 차원에서는 물론이고 부정적 측면에서도 어떤 상징적 의미화로도 이어지지 않는다. 예를 들면, 표트르 대제의 청동기마상은 여주인공 올가를 포함하여 가까이에 있는 등장인물 모두에게 어떤 주의도 끌지 않고 단순히 산책의 시각적 배경 장식으로만 머물 뿐이다. 다시 말해 여기서 청동 기마상은 페테르부르크 도시의 역사적, 문화적 기억을 표시해주거나 전달해주는 모종의 상징적 장치로서가 아니라 관광 명소로서의 단순한 시각 요소로 나타나 있을 따름이다. 이런 식으로 『산책』에서는 페테르부르크의 주변부가 아닌 중심부가 지배 공간으로 등장하고 있지만, 중심 공간의 역사적 기억과 문화적 유산, 상징적 자본은 21세기 포스트모던 페테르부르크의 모바일 도시 세계에서 특별한 의미를 생산하지 못한다.

한편, 영화 『산책』의 페테르부르크 도시 공간에 지배적인 모빌리티와 스펙터클 요소들은 상호 불가분의 관계에 있다. 먼저 모빌리티 요소의 특징은 넵스키 대로를 가득 채우며 끊임없이 이어지는 인파와 대중의 이미지에서 가장 분명하게 드러난다. 이러한 이미지는 무엇보다도 부단한 움직임 속에 있는 대도시 삶의 역동성을 보여주는데, 흥미롭게도 역동적 삶의 흐름 속에서 올가 일행은 실제와 허구의 경계를 끝없이 넘나든다. 다시 말해 영화 속에서 올가 일행을 둘러싸고 있거나 그들과 마주치는 사람들은 대도시의 현실 세계 속에 존재하는 실제 인물들이다. 이들과 뚜렷한 경계 구분 없이 한데 뒤섞임으로써 올가와 두 남자는 영화의 허구 세계 속에서 현실의 실제 세계와 즉흥적으로 마주친다.[16] 이처럼 도시 공간과 일상 세계의 모빌리티 요소들에 의해 창조되는 즉흥성과 현재성은 카메라 기사가 핸드카메라를 들고 올가 일행의 동선을 따라 때로는 밀착해서 때로는 일정한 거리를 두고 촬영하는 기법을 통해서도 강조된다.

이처럼 21세기 페테르부르크를 유동성의 모바일 도시로 보여주고 있는 『산책』에서는 극중 인물들이 실제 세계의 사람들과 뚜렷한 경계 구분 없이 도시 공간을 상하좌우로 종횡무진 움직이는 빠른 이동성과 기동성이 영화 서사의 전반부 대부분을 차지한다. 그런데 영화 서사가 후반부를 향해 갈수록 『산책』의 유동적 모빌리티는 또 다른 양상의 경계 이월을 통해 드러나는데, 흥미롭게도 이번에도 이러한 양상은 여주인공 올가의 형상 속에 구현돼 있음을 알 수 있다. 이미 지적했듯이, 올가는 페테르부르크 도시에서, 더 정확히 말하자면, 페테르부르크 중심부에서 어떤 물리적, 추상적 장애나 방해도 없이 자유롭게 이동하는 여성 산책자이다. 이런 점에서 올가의 형상은 한편으로는 평면적이라고 할 수 있지만, 다른 한편으로는 입체적이라고 할 수 있다. 올가는 도시 생활공간의 경계를 아무런 제약도 받지 않고 자유롭게 넘나들며 극중 알렉세이나 페차와도, 실제 일반 시민들과도 거리낌 없이 어울릴 뿐만 아니라, 심지어 도시 산책 과정에서 잦은 스킨십이나 부딪힘을 통해 그들과의 물리적 거리감을 느끼지 않다.

그러나 올가의 도시 산책에서 드러나는 역동적 모빌리티는 물리적 공간 차원에서만 머물지 않는다. 이미 지적했듯이, 올가는 산책 동행자인 알렉세이와 페차, 그녀의 남자친구인 프세볼로드, 또 거리에서 마주치고 부딪히는 수많은 일반 시민과의 인간적, 사회적 관계에서도 자유롭게 경계를 넘나들고 있기 때문이다. 인물들 사이, 더 나아가 인간들 사이의 상호관계는 페테르부르크의 현란한 스펙터클 이미지와 도시 공간의 물리적 모빌리티에 가려 묻힐 수도 있지만, 올가의 사회적 모빌리티를 통해 드러난다. 도시 공간 곳곳을 상하좌우로 빠르게 가로지르는 산책을 통해 드러나는 영화 속 페테르부르크는 감각 중에서 가장 직접적이고 강력한 시각 이미지들이 만들어 내는 스펙터클의 흥분과 쾌락을 선사한다. 그러나 이러한 감각 경험 안에서는 사회적 위계질서로 구성되는 인간관계의 본질이 잘 드러나지 않는다. 이러한 맹목성은 주어진 대상을 피상적 이미지로만 바라볼 뿐, 그 내면적 본질성에 대해서는 숙고하기는커녕 전혀 파악도 하지 못하는 알렉세이와 페차의 예에서 가장 극명하게 드러난다.

이처럼 알렉세이와 페차가 대상(여기서는 주로 올가의 이미지)을 완전히 노출된 공간에서 바라보지만, 외적 이미지에 현혹만 될 뿐 내적 본질에는 다가가지 못한다고 한다면, 올가의 남자친구인 프세볼로드는 이들과 일정한 거리를 유지하면서 모든 것을 감시하며 조종하는 가운데 도시의 사회적 공간에서 인간관계의 본질을 꿰뚫어보는 인물로 설정돼 있다. 이런 점에서 지적해야 할 것은 영화 시작 장면에서 프세볼로드가 등장하는 대목이다. 여기서 그는 짙게 썬팅한 고급 승용차 안에서 올가와 함께 영화 속에서 올가를 중심으로 전개되는 이야기(모종의 음모)의 기획자이자 관찰자 나올 뿐 아니라, 개인 승용차로 이동하는 데서 알 수 있듯이 경제적으로도 풍족한 사람으로 암시된다. 따라서 프세볼로드는 영화의 사회적 공간 안에서 '시선은 권력이다'라는 말처럼 시각적으로나 경제적으로도 가장 우위에 있는 권력자를 대표한다.

여기서 짐작할 수 있듯이, 프세볼로드는 공간적으로 내밀한 닫힌 세계와 경제적으로 풍족한 사회 집단에 속해 있다. 반면, 알렉세이와 그의 친구 페차는 프세볼로드가 속해 있는 세계와 집단의 반대 지점에 놓여 있다. 바꾸어 말하자면, 이들 사이에는 (유)무형적, 또는 (비)가시적 경계선이 가로 놓여 있는 것이다. 하지만 이들 사이에도 공통점은 존재한다. 적어도 물리적 측면에서는 이들도 모두 기동성과 이동성을 대표하고 있기 때문이다. 이와 관련하여 더욱 흥미로운 점은 올가만이 유일하게 이들 사이의 경계를 자유롭게 넘나드는 인물로 나온다는 사실이다. 다시 말해 올가는 두 남성 집단/세계에 동시에 속해 있다. 실제로 올가는 프세볼로드의 엘리트 세계와 알렉세이/페차의 평범한 세계 사이의 공간적, 사회적 경계를 끊임없이 넘나든다. 더 나아가 그녀는 페테르부르크에서 태어나 성장한 페테르부르크 시민이 아닌 것으로 드러난다. 이로써 올가는 미시적, 거시적 차원에서도 공간적, 사회적 경계에 전혀 구애받지 않은 유일한 인물로 판명되면서 영화 속 모바일 도시 페테르부르크에 구현된 모빌리티의 또 다른 특성인 유동성의 가변적 세계를 대표한다고 말할 수 있다.

『산책』의 페테르부르크 도시 공간에서 두드러지게 나타나는 이러한 생생하고 역동적인 모바일 도시 세계의 경험은 영화의 서사 시간 전체에 걸쳐서, 다시 말해 도시 산책이 진행되는 시간 전체에 걸쳐서 인물들 사이의 연락 또는 소통이 모바일 전화(이동통신)을 통해 주로 이뤄진다는 사실에서도 잘 뒷받침된다.[17] 실제로, 알렉세이가 넵스키 대로에서 올가를 만나고 나서 친구 페차를 불러 합류시킬 때도, 이후 올가와 알렉세이, 페차가 페테르부르크 중심부를 산책하는 동안 내내 올가와 그녀의 남자친구 프세볼로드가 연락을 유지할 때도 이들 사이의 연락과 소통은 많은 부분에서 모바일 전화기로 매개된다. 이처럼 『산책』에서 페테르부르크가 모바일 도시인 또 다른 이유도 여기에서 찾을 수 있다. 하지만 여기서 강조해야 할 것은 이 영화에서 모바일 전화기로 매개되는 인물들 사이의 인간적 소통이 긍정적이라기보다는 부정적이고, 그들 사이의 사회적 관계도 수평적이라기보다는 수직적이라는 사실이다. 이는 프세볼로드가 모바일 전화기와 오토'모바일'(자동차)을 통해 올가를 비롯한 모든 극중 인물을 뒤에 몰래 숨어서 통제하고 조종하고 있는 데서 확실하게 알 수 있다.

이런 식으로, 『산책』에서 우치텔은 페테르부르크 도시 공간의 주변화가 두드러졌던 1990년대 영화들에서와는 반대로 그것의 중심화를 보여주면서 도시 이미지의 탈역사화와 탈신화화를 시도한다. 이러한 전복적 아이러니는 '문화 수도'이자 예술 도시로서 페테르부르크에 부여된 전통적 이미지의 파괴에서도 발견된다. 이 점은 2003년 창건 300주년을 맞아 도시 이미지를 새롭게 단장하기 위해 거리와 도로 정비작업을 벌이고 있는 장면에서 잘 드러난다. 여기서는 노동자 몇 명이 카메라에 우연히 잡힌 것처럼 제시되는데, 이때 도로 지하에 매설된 통신선로를 점검하기 위해 맨홀 아래로 들어갔다가 나온 사람이 페테르부르크 도시는 "지상에서만 아름다울 뿐이지, 저 아래 지하는 똥통..."이라고 상스럽게 말하는 소리가 들린다. 바꾸어 말하자면, 이는 스펙터클에 특징적으로 나타나는 화려하고 아름답게 보이는 도시 외관과 내적 생활 사이의 불일치를 통렬하게 꼬집는 것이라고 할 수 있다.

사실 『산책』의 영화 서사에서 제시되는 페테르부르크 도시 공간은 속고 속이는 남녀의 즉흥극을 위한 무대 공간이다. 이러한 연극적 성격은 영화 서사의 종료 시점에 가서 밝혀지는 산책의 비밀을 통해서 드러난다. 영화 서두에서 여자 주인공 올가는 남자친구에게 자신이 다른 남성들에게 매력 있다는 점을 증명해 보이기 위해 차에서 내려 거리를 걷기 시작한다. 그러자 곧이어 알렉세이로 불리는 남자가 그녀에게 다가와 말을 걸고 구애 공세를 적극 펼친다. 한참 후 알렉세이는 친구 페차에게 전화를 걸어 만나자고 말한다. 페차가 합류하게 되면서 올가와 알렉세이의 관계는 삼각관계로 새롭게 발전한다. 그러나 영화 서사 후반부에 가서 올가의 남자친구 프세볼로드가 등장하는 장면에서 올가가 그의 약혼자로, 그와 곧 결혼할 사이라는 사실이 밝혀진다. 이런 점에서 영화 시작과 함께 프세볼로드가 타고 운전하고 있는 자동차 유리창에 비친 세계가 모두 뒤집혀 있고 일그러져 있는 것으로 몇 분에 걸쳐 제시되고 있다는 사실은 향후 전개되는 이야기의 반전 구조를 가리키는 복선으로 설정돼 있다고 할 수 있다.

이처럼 알렉세이와 페차는 올가와 프세볼로드가 계획하고 실행한 기만적 연극의 희생자가 된다. 문제는 이러한 기만적 연극이 시작하는 지점이 페테르부르크의 넵스키 대로였다는 사실이다. 니콜라이 고골(Николай Гоголь)의 단편소설 『넵스키 대로』(Невский проспект)에서 잘 알 수 있듯이, 페테르부르크의 중심가를 형성하는 넵스키 대로는 사물의 외적 인상과 내적 본질 사이의 경계가 모호한 기만적 공간이다. 이런 점에서 알렉세이가 21세기 초 넵스키 대로에서 올가에게 반했다가 기만적 결말을 맞이하는 것은 피스카료프가 19세기 초 넵스키 대로에서 매춘부로 밝혀지는 한 여자에게 홀딱 반했다가 비극적 종말을 맞이했던 것과 크게 다르지 않다. 넵스키 거리를 믿지 말라고 했던 고골의 말이 지금도 여전히 유효한 것이다.

사람들이 외적 이미지가 주는 환영에 사로잡히게 되는 것은 페테르부르크 같은 메트로폴리스에서 흔히 볼 수 있는 현상이다. 이는 도시의 본질적 속성을 구성하는 스펙터클 효과에서 주로 연유한다. 실제로 『산책』에는 '박물관-도시' 페테르부르크의 스펙터클을 만들어내는 다채로운 시각 이미지가 풍부하게 제시된다. 그런데 여기서 중요한 사실은 이러한 압도적 감각의 공간에서는 사람들이 시각 이미지를 통해서만 사물과 세계를 인식할 수밖에 없다는 점이다. 그래서 사람들의 사회적 관계도 시각 이미지를 통해서 매개되고 형성될 수밖에 없고 현실의 본질도 시각 이미지 속에서 흐려질 수밖에 없다. 즉흥적 기만극을 보여주는 영화 『산책』에서 알렉세이와 페차가 현실의 본질을 꿰뚫어보지 못하고 눈앞의 대상에 도취하고 열광만 하다 웃음거리로 전락하는 것도 페테르부르크 도시 공간에 지배적인 시각 이미지를 통한 피상 숭배 때문이다.

이렇듯 우치텔의 영화 『산책』에서는 21세기 페테르부르크 도시 공간이 고골의 소설 『넵스키 대로』에서처럼 도시민-산책자가 일상생활 속에서 보고 보이고 속고 속이는 관찰과 관조의 (기만적) 무대 공간으로 다시 한 번 나타난다. 게다가 이러한 공간에서는 시선을 중심으로 지배와 통제, 경쟁과 투쟁의 인간관계가 고조된다. 이는 올가를 가운데 놓고 교차하는 알렉세이와 페차, 프세볼로드의 남성적 시선, 그녀를 놓고 벌이는 경쟁 관계에서 가장 잘 드러나고 있으며, 이들이 거리에서 마주치는 '제니트'(Зенит) 축구팬들 사이의 옥신각신하는 다툼에서도 암시적으로 뒷받침된다. 이런 점에서 『산책』의 '산뜻한 페테르부르크'는 범죄, 폭력, 살인 등으로 점철되는 알렉세이 발라바노프의 '어두운 페테르부르크'와 피상적으로는 크게 다르면서도 본질에서는 거의 비슷한 의미를 지닌다. 두 영화 속에서 페테르부르크는 경쟁과 투쟁의 세계를 보여준다는 점에서 동일한 의미로 수렴된다.

이와 관련하여 주목할 만한 또 다른 페테르부르크 영화는 2006년에 나온 옥사나 비치코바의 데뷔작 『피테르 FM』이다. 이 영화에서는 당시 G8정상회담 개최 덕분인지 페테르부르크가 2003년 창건 300주년 때보다 훨씬 더 밝고 경쾌한 모습으로 제시되고 있다. 하지만 『산책』에서와는 달리 『피테르 FM』에서는 시각보다는 청각이 더 중요한 의미가 있다.

실제로, 영화의 제목에 잘 나타나 있듯이, 『피테르 FM』에서는 시각 이미지보다는 청각 이미지가 지배적이다. 게다가 이 영화의 서사 속에서 묘사되는 남녀 주인공의 인간관계도 절대적으로 청각 이미지를 통해서 매개되고 형성된다. 이 점은 영화의 시작과 함께 라디오 음악방송 DJ로 나오는 마샤가 청취자 사연을 읽어주면서 자신과의 미래 관계를 형성하는 막심을 언급하는 대목에서부터 알 수 있으며, 마지막 장면에서도 역시 마샤와 막심의 관계는 라디오의 청각매체를 통해서 전달된다. 이렇게 처음부터 청각 매체와 이미지로 형성되기 시작하는 그들의 관계는 곧이어 페테르부르크 거리의 횡단보도에서 마샤가 목에 걸고 있는 휴대전화를 떨어뜨리자 이것을 막심이 우연히 줍는 모습으로 계속 이어진다. 그 이후 이 전화기를 돌려주고 받으려는 몇 번의 시도 속에서 두 사람은 지정된 약속 장소에서 직접 만나 얼굴을 볼 수 있었다. 하지만 그때마다 이들의 예정된 만남은 어긋나면서 볼 수 없는, 보이지 않는 상황 속에서 전화통화로만 관계를 이어간다.

여기서 짐작할 수 있는 것처럼, 대도시 공간에서 우연히 형성되기 시작한 마샤와 막심의 인간관계에서는 시각적 이미지가 의미 있는 기능을 전혀 수행하지 못한다. 흥미롭게도 이 점은 마샤와 막심이 만나기로 할 때 서로의 외모적 특징을 설명하고 그 특징을 보고 알아보기로 하지만, 이러한 시도가 번번이 어긋나는 상황에서 잘 드러난다. 실제로 막심은 파란색 스포츠 점퍼를 입고, 마샤는 빨간색 스포츠 점퍼를 걸치고 약속장소에 나가기로 한다. 그러나 돌발 상황으로 말미암아 약속된 시간에 맞춰 나타나지 못함으로써 만날 기회는 사라진다. 그래도 약속 시간 이후 엇갈리는 길목에서 이들은 서로를 바라보지만, 바라봄은 인식과 만남으로 이어지지 못한다.

요컨대, 이들은 시각적 지평 안에서 서로를 이해하기는커녕 인지하지조차도 못하는 것이다. 반면, 전화기로 매개되는 청각적 차원에서 이들은 상호연민과 이해, 더 나아가 사랑하는 연인관계로까지 발전할 가능성을 보인다. 두 사람이 샛강을 사이에 두고 살면서도 전혀 보지 못하고 오직 전화기를 매개로만 나누는 몇 번의 내면적 대화도 이를 잘 보여준다.

이와 관련하여 강조해야 할 것은 마샤와 그녀의 약혼자 코스차 사이에서 벌어지는 관계이다. 결혼을 앞둔 두 사람의 관계에서는 코스차가 항상 주도권을 쥐고 있는 것으로 나타난다. 그가 결혼식 날짜를 잡고 준비를 주도하는데, 이때 그는 마샤에게 주로 물질적, 시각적 측면에서 다가간다. 코스차는 특히 마샤의 외모에 자주 간섭하면서 그녀의 시각 이미지를 관리하고 통제하는 모습을 보인다. 그는 자신의 취향에 맞게 마샤의 이미지를 창조하고 감독하려고 하지만, 이러한 지배적 관계는 결국 파혼으로 이어진다. 이처럼 시각적, 물질적 측면에서 형성되는 코스차와 마샤의 남녀 관계는 청각적, 정신적 차원에서 형성되는 막심과 마샤의 남녀 관계와 현저한 대비를 보여준다. 이와 관련하여 지적할 만한 것은 막심이 자신의 옛 연인이었던 여자와 헤어지는 과정에서 그녀가 막심이 갖고 있던 그들의 사진을 돌려달라고 하는 장면이다. 어떤 의미에서 이들 사이의 관계도 사진이라는 시각 이미지로만 유명무실하게 유지되고 있었다고 할 수 있기 때문이다. 시각으로 매개되는 이들의 관계 역시 피상적일 수밖에 없었던 것이다. 이렇게 눈앞에서 직접 보면서도 보지 못하는 역설적 상황은 대도시 공간과 생활의 커다란 특성 가운데 하나로, 영화 속 페테르부르크 도시 공간과 생활을 규정짓는다.

러시아에서 도시 생활을 다룬 영화는 영화 탄생 직후부터 현재까지 100여 년에 걸쳐 발전해 왔다. 특히, 러시아의 수도 모스크바는 소비에트 이전부터 포스트소비에트 시대에까지 일상생활을 다룬 영화 대부분에서 중요한 배경 장소가 됐다. 러시아 제2의 수도 상트 페테르부르크도 예외는 아니었다. 그러나 모스크바든 페테르부르크든 도시의 공간적 재현은 시대의 격변과 함께 커다란 변화를 겪었다. 소비에트 체제 해체 이후 맞이한 '격동의 1990년대'에 러시아 도시들은 역사적, 사회적 질곡의 현장이 되면서 대부분 어두운 색채로 묘사되었다. 이러한 현상은 20세기 내내 모스크바의 그늘에 가려 있던 페테르부르크에 대한 묘사와 재현에서도 한층 더 심했다. 1990년대 러시아 영화에서 페테르부르크의 도시 공간은 주로 주변화, 파편화 양상을 띠면서 사회적 혼란상을 반영했다. 이는 19세기 30년대 러시아 문학의 생리학적 스케치 작품들에서 지배적이었던 페테르부르크의 이미지가 1990년대 러시아 영화 속에서 부활한 듯한 인상을 심어주었다. 또 표도르 도스토옙스키의 '페테르부르크 소설'들에서 보듯이, 20세기 후반 러시아 영화의 페테르부르크는 쓰레기가 넘치고 악취가 진동하며 소음으로 가득한 혼란과 무질서의 도시 공간으로 나타났으며 페테르부르크의 사적 공간들도 누추하고 낡아빠진 건물과 비좁고 어두운 집안 등이 대표했다. 이런 점에서 1990년대 러시아 영화에 나타난 페테르부르크의 도시 공간과 세계는 '반-공간'이자 '반-세계'의 묵시적 이미지에 다름 아니었다.

그러나 20세기에서 21세기로 넘어오면서 페테르부르크 도시 공간은 이전과는 달리 우중충하게 침체된 이미지를 털어내고 화사하고 역동적인 면모를 띠기 시작했다. 특히 2003년 도시 창건 300주년을 전후로 하여 페테르부르크는 글로벌 도시의 모습과 위상을 갖추기 위해 도시 외관과 생활을 일신하기 시작했다. 이와 함께 러시아 영화에서도 페테르부르크의 새로운 도시 이미지를 반영한 작품들이 등장했는데, 여기에 나타난 페테르부르크의 도시 공간은 그 이전에 러시아 영화에서 보던 것과는 판이하게 다른 양상을 드러냈다. 알렉세이 우치텔의 2003년 작『산책』과 옥사나 비치코바의 2006년 작『피테르 FM』은 무엇보다도 산뜻한 외관과 활기찬 생활의 도시 공간 재현에서 도시의 주변부가 아닌 중심부를 전경화하면서 페테르부르크를 기동성과 이동성으로 대표되는 포스트모던 모바일 도시로 재창조했다는 점에서 영화사적으로 특별한 의미를 띤다.

이상에서 살펴봤듯이, 포스트모던 모바일 도시 페테르부르크에서는 모든 것이 단단히 고정되어 있지 않고 끊임없이 움직인다. 이러한 특징적 양상은 도시 생활에서 나타나는 인간들의 사회적 관계를 둘러싼 유동적 세계로도 확대된다.『산책』의 여주인공 올가와『피테르 FM』의 여주인공 마샤는 각기 다른 방식으로 모바일 도시 공간의 이동성을 보여주기도 하지만, 그와 동시에 도시 공간과 생활 세계 속 인간관계의 사회적 유동성을 대표하기도 한다. 올가가 다양한 층위에서 서로 다른 세계의 경계를 자유롭게 넘나들며 탈경계성을 보여준다고 한다면, 마샤는 코스차의 고정된 닫힌 세계를 거부하면서 막심과 함께 열린 세계로 나아간다. 특히,『피테르 FM』에서 마샤와 코스차의 관계는 페테르부르크 도시 공간에 특징적인 샛강과 운하를 흐르는 물의 유동적 이미지가 자주 수반되는데, 이는 도시 공간의 성격과 인간 생활을 동시에 특징짓는 유동성에 대한 은유적 이미지에 다름 아니다. 이처럼, 두 영화는 21세기 페테르부르크의 유동적 세계를 모바일 이미지로 표현함으로써 이전과는 다르게 도시 공간의 새로운 경험 세계를 창조했다는 점에서 큰 의미가 있다.

4장

『변방』의 풍경과 경계의 해체

4장

『변방』의 풍경과 경계의 해체

2010년 9월 12일 러시아 오스카상(Oscar) 위원회는 2011년 2월 27일 미국 영화예술 및 과학 아카데미가 수여하는 오스카상 최우수 외국어영화 부문에 러시아 대표작으로 알렉세이 우치텔의 아홉 번째 영화『변방』(Край)을 만장일치로 선정하여 발표했다. 이번 오스카상 러시아 대표작 후보로는 총 열두 편의 영화가 물망에 올랐는데, 대부분이 러시아 영화계에서뿐만 아니라 여러 국제영화제에서도 호평과 주목을 받았고 그중에서 몇몇 작품은 수상의 영예를 안기도 했다. 예를 들면, 베라 글라골레바(Вера Глаголева)의『어떤 전쟁』(Одна война), 알렉세이 포포그렙스키(Алексей Попогребский)의『나는 이번 여름을 어떻게 보냈나』(Как я провел этим летом), 파벨 룬긴(Павел Лунгин)의『차르』(Царь), 니키타 미할코프(Никита Михалков)의『태양에 지친 사람들 2』(Утомленные солнцем 2) 등 쟁쟁한 작품들이 오스카상 러시아 대표작 후보 반열에 올랐다.

우치텔의 『변방』이 이처럼 강력한 경쟁 후보작들을 따돌리고 2010년 러시아 대표작으로 오스카상 최우수외국어영화 후보로 나설 수 있었던 것은 이 영화가 작품성과 흥행성, 이념성과 시사성 등 다방면에 걸쳐 다른 후보작보다 월등히 높은 평가를 받았기 때문에 가능했을 터이다. 하지만 기대했던 것과는 달리 아쉽게도 『변방』은 2011년 2월 27일 마침내 막이 오른 오스카상 본선에서 최종 후보 목록에 오르지 못하며 수상에 실패했다. 그럼에도 이 영화는 2011년 4월 7일 모스크바 오페라 극장에서 개최된 제24회 니카(Ника) 영화상 시상식에서 당당히 최우수영화상을 받았다. 이와 함께 알렉세이 우치텔도 최우수감독으로 '황금독수리' 상을 거머쥐었다. 이렇듯 『변방』은 문제작과 우수작으로 유난히 풍성했던 2010년 러시아 영화계에서 공실공히 최고 작품으로 인정받았다.

그렇다면 우치텔의 영화는 구체적으로 어떤 점에서 우수한 평가를 받은 것일까? 『변방』은 무엇보다도 먼저 탄탄한 이야기 구조와 팽팽한 극적 긴장감이 돋보이는 영화이다. 이것은 주인공을 중심으로 표면상 대립 선상에 서 있는 것처럼 보이는 주요 인물 사이에서 벌어지는 갈등과 경쟁, 반목과 충돌의 평면적 이야기에 입체적 역동성을 부여하고 떠받치는 이중적 삼각관계의 멜로드라마, 스탈린주의 문화의 영웅서사시, 미스터리 스릴러, 동화 등 다양한 장르 요소의 적절한 배합에서 찾을 수 있다. 또한, 시베리아 타이가 지대에서 '변방'으로 불리는 수용소 마을을 중심 배경으로 펼쳐지는 인간세계의 일상적 삶이 자연세계의 신비적, 야생적 요소들과 긴밀하게 맞물려 긴박하게 전개되는 흥미로운 양상도 『변방』의 영화 서사에 극적 긴장감과 박진감을 배가시킨다. 이와 동시에 『변방』의 시공성, 다시 말해 2차 세계대전 직후 설원의 시베리아와 나치 협력자 수용소가 영화 서사의 역사적, 지리적 배경으로 특별하게 설정된 것은 관객에게 이국적 신비감을 심어주는 것은 물론이고, 전후 스탈린 치하의 왜곡된 역사현실과 인간사회에 대해 새로운 인식의 지평을 열어주는 계기를 마련해주기도 한다.

이와 관련하여『변방』에서 특기할 사항은 이 영화가 2000년대 러시아 사회를 강타했던 소비에트 노스탤지어 바람을 타고 고조된 애국주의 문화 조류에서 한 발짝 비켜나서 복잡 미묘한 전쟁 현실을 기존과는 다르게 탈신화적 관점으로 바라보고 해석하려는 러시아 영화계의 새로운 경향을 지속하고 있다는 점이다. 바꾸어 말하자면, 우치텔의『변방』은 소비에트 시대의 대조국전쟁을 탈신화화, 탈신성화하는 2000년대 러시아 영화의 새로운 흐름에 적극적으로 동참한다. 이런 점에서『변방』은 2000년대에 들어와서 소비에트 대조국전쟁의 신성한 아우라를 벗겨 내고 신화적 위상을 전복하는 일련의 영화들과 일맥상통한다. 예를 들면, 2002년 알렉산드르 로고시킨(Александр Рогожкин)의『뻐꾸기』(Кукушка), 2003년 알렉세이 게르만 주니어(Алексей Герман-младший)의『마지막 열차』(Последний поезд)와 니콜라이 도스탈(Николай Досталь)의『죄수자 대대』(Штрафбат), 2004년 드미트리 메스히예프(Дмитрий Месхиев)의『우리 편』(Свои), 2007년 미하일 세갈(Михаил Сегал)의『프란츠+폴리나』(Франц+Полина), 마리야 모자르(Мария Можар)의『적들』(Враги), 알렉산드르 아타네샨(Александр Атанесян)의『무뢰한들』(Сволочи), 2009년 베라 글라골레바(Вера Глаголева)의『어떤 전쟁』(Одна война), 2010년 블라디미르 호티넨코(Владимир Хотиненко)의『사제』(Поп), 알렉산드르 코트(Александр Котт)의『브레스트 요새』(Брестская крепость)가 대조국전쟁의 역사를 새로운 시각으로 탈관습화, 탈신화화했다. 요컨대『변방』은 이와 같이 전쟁 묘사의 탈관습화와 소비에트 역사의 탈신화화 경향에서도 2차 세계대전 승리 65주년이었던 2010년 러시아 영화에서 가장 주목할 만하고 높이 평가할 만한 작품이었다.

우치텔의 영화에서 전쟁 묘사의 탈관습화와 소비에트 역사의 탈신화화는 승전군의 일원으로 베를린에 입성했다 돌아온 전쟁 영웅 이그나트의 영화 서사 밖 귀향 이야기에서부터 암시적으로 드러난다. 주인공 이그나트는 전장에서 포탄의 충격으로 머리에 생긴 심각한 외상성 장애로 말미암아 간질 같은 발작을 종종 일으킨다. 이처럼 전쟁 영웅의 위상에 마초 이미지까지 투사된 강인한 남성적 외모의 늠름한 기상에 걸맞지 않게 이그나트는 정서적으로 불안정한 내적 심리 상태에 곧잘 빠져든다. 그리하여 전후 현실사회에 안착하지 못하고 대인관계도 원만하게 유지하지 못한 나머지 그는 우여곡절 끝에 결국 '변방'으로 불리는 시베리아의 나치 협력자 수용소에 증기기관차 운전사로 들어간다. 다시 말해 전쟁 영웅은 전후 현실세계의 '중심'으로 편입되지 못한 채 낙오자(나 외부자)들의 '변방'으로 밀려난다. 이런 식으로 강인한 남성이자 용감한 군인이었던 이그나트의 육체 이미지에 새겨진 대조국전쟁의 집단적 신화는 전쟁의 깊은 외상으로 고통 받는 인간의 뒤틀리고 일그러진 개인적 삶을 통해서 조금씩 와해된다.

영화에서 소비에트 대조국전쟁의 집단적 신화는 플래시백 기법을 통해 몇 차례 순간적으로 짧게 제시되는 장면들에서 이그나트가 탱크 조종사이자 증기기관차 운전사로 맹활약했던 것으로 짐작되는 과거의 개인적 행적 속에도 균열의 조짐이 드러난다. 전시에 이그나트는 '이오시프 스탈린'이라는 이름의 기관차를 조종하며 나치 기관차와 경주를 벌이던 과정에서 과도한 승부욕에 불탄 나머지 '이오시프 스탈린'을 너무 세게 몰아 탈선시키고 땅속에 처박히게 하는 대형 사고를 일으킨다. 이 일로 그는 이전까지 보여준 영웅적 행동에도 결국 직위 해제되어 군을 떠나고 전쟁의 상흔 속에 정처 없이 표류하다 '변방'으로 들어간다. 이런 식으로 개인의 충동적 행동이 집단의 통제적 질서와 충돌하면서 개인의 욕망보다는 집단의 이익을 절대적으로 우선시하는 스탈린 정권의 전쟁신화에 균열이 생긴다. 그런데 여기서 주목해야 할 사실은 이그나트의 개인적 충동이 전후 스탈린주의 체제의 축소판이라고 할 수 있는 수용소 마을 '변방'에서도 그대로 되풀이되면서 집단 질서와 개인 욕망 사이에 갈등과 대립 관계가 형성된다는 점이다.

실제로, 이그나트는 전후 군내에서도 사회에서도 정상 생활을 하지 못하다 시베리아 수용소 마을 '변방'에 들어와서 증기기관차 운전사로 일하게 되는데, 여기서도 그는 집단적 질서에 순응하지 않고 개인적 일탈 행동을 보이면서 주변 사람들과 갈등을 빚는다. 이와 동시에 마초적 이미지의 강철 같은 육체와 전쟁 영웅으로서 비범한 이력을 소유한 이그나트는 수용소 마을에 도착한 직후부터 주변 여성들의 눈길을 사로잡는다. 이 과정에서 그는 동료 기관사의 연인이었던 소피아와 급속히 친해지고 두 사람 사이에 곧바로 애정관계가 형성된다. 그 결과 이그나트는 다른 수용소 사람들, 특히 그에게 소피아를 빼앗긴 동료 기관사와 갈등 관계에 놓인다. 그러던 중 어느 날 두 남자는 마침내 소피아를 사이에 두고 결투를 벌이기라도 하듯이 각자의 기관차를 몰며 위험한 과속 경주를 벌인다. 하지만 이그나트는 전시에 나치 기관차와 벌였던 경주에서처럼 이 경주에서도 마찬가지로 개인적 승부욕에 눈이 멀어 기관차를 너무 세게 몰다 탈선시킨다. 이후 그는 수용소 마을에서 기관차 운전 자격을 박탈당하면서 집단적 질서에서 배제된다. 이처럼 군대에서와 마찬가지로 수용소 마을에서도 이그나트는 집단 질서에 편입하지도 순응하지도 못하는 모습으로 제시되면서 전쟁의 집단주의 신화에 균열을 일으키는 원인으로 작용한다.

다른 한편, 피아 구분이 엄격한 전쟁의 집단 신화는 이그나트가 전후 수용소 마을 '변방'에 들어온 이후 '우리'와 '그들'의 구분, 다시 말해 자아와 타자의 경계가 처음에는 확고한 것처럼 보이지만 나중에는 조금씩 흔들리다가 마침내 완전히 무너질 때 중대한 도전 국면을 맞이한다. 이와 관련하여 지적해야 할 것은 수용소 마을 '변방'을 중심으로 확립되는 경계가 흥미롭게도 몇 겹으로 중첩되어 나타난다는 점이다. 첫째, 이그나트와 수용소 마을 사이에 형성되어 있는 개인과 집단 사이의 경계를 들 수 있는데, 이때 이그나트는 통제적 질서의 수용소 집단에서 비순응적 개인으로 타자화되어 있음을 알 수 있다. 둘째, 전쟁 당시 나치 군대에 잡혀 독일로 끌려갔다가 전쟁이 끝난 뒤 러시아로 돌아온 사람들이나 독일군 협력자들이 '변방' 마을에 집단 수용되어 있는데, 이들은 조국에 충성했던 '우리' 사이에서 '인민의 적'으로 타자화되어 있는 '그들'에 해당한다. 셋째, '변방'에는 전쟁 전 러시아에 머물던 독일인이나 전쟁 중 포로로 잡힌 독일군이 수용되어 있는데, 이들은 승리한 '우리' 사이에서 '러시아의 적'으로 타자화되어 있는 패배한 '그들'에 속한다. 그러나 이러한 다층적 경계는 이그나트가 수용소 마을에서 멀리 떨어진 고립된 섬에서 독일 처녀 엘자를 발견하고 함께 마을로 들어오면서 새로운 갈등의 증폭과 함께 본격적으로 흔들리기 시작한다.

엘자는 독일인 엔지니어 가족의 딸이었는데, 이들은 전쟁 직전까지 수용소 마을이 있던 곳에 머물면서 철도 부설과 교량 건설 등을 지원했다. 그러나 엘자의 가족은 독일군이 소련을 침공한 직후 스탈린 정권의 내무인민위원회(НКВД)에 의해 적으로 지목되어 체포된다. 이 과정에서 엘자의 나머지 가족은 모두 총살되고 그녀만 간신히 살아남아 타이가 숲 속으로 탈출하여 이곳에서 5년 동안 홀로 야생생활을 해왔다. 그러던 중 엘자는 어느 날 이그나트가 수용소 마을의 기관차를 더는 운전할 수 없게 되자 이 섬에 수년 동안 버려져 있던 기관차를 찾아 나선 와중에 발견된다. 여기서 아주 의미심장한 점은 엘자가 수용소 내 문명세계에서 온 러시아 남자 이그나트에게 수용소 밖 자연세계에서 사는 독일 여자로서 몇 겹으로 타자화되어 있다는 사실이다. 실제로 다중적 타자인 엘자는 이그나트의 예기치 못한 출현에 위협을 느끼면서 그를 공격하기도 하고 그의 공격에 대항하기도 한다. 하지만 곧이어 두 남녀는 숲 속에 방치된 기관차(의 수리)를 매개로 자아와 타자 사이의 다층적 거리를 좁히며 점점 가까워지면서 마침내 '죽은' 기관차를 '소생'시키고 끊긴 철로를 복구하여 마을로 들어온다.

하지만 엘자가 이그나트와 함께 수용소에 들어오면서 엘자의 다중적 타자성은 또 다른 적대적 대립의 도화선으로 작용한다. 먼저, 그녀는 이그나트와 소피아 사이에 형성되어 있던 애정관계를 위협하는 새로운 삼각관계의 가능성으로 인식되어 소피아에게 뿐만 아니라 수용소의 다른 여자들에게도 배척되고 따돌림당한다. 이처럼 다중적 타자의 등장은 처음에 여자들 사이에서 갈등과 충돌의 화근이 되는데, 이는 목욕탕 장면에서 소피아를 비롯한 러시아 여자들이 독일인 여자 엘자에게 집단 괴롭힘을 시도할 때 절정에 이른다. 그렇지만 엘자가 러시아 여자들의 배척과 억압에 맞서 그들의 근거 없는 적대 행위를 지적하고 꾸짖고 나서면서 갈등과 충돌의 대립 관계는 와해의 조짐을 보이기 시작한다. 다음으로, 엘자는 수용소 전체 질서 내에서 러시아인과 독일인 사이에 형성되어 있는 자아와 타자의 구분 관계에서도 새로운 긴장 국면을 조성하는 불씨가 된다. 실제로 엘자가 수용소에 갑작스럽게 등장하면서 러시아 사람들은 수용소 안의 독일인 타자에게 이전보다 훨씬 더 냉혹하고 적대적인 태도를 보인다.

이처럼 또 다른 다중적 타자로서 엘자의 등장은 자아와 타자의 경계를 더 복잡 미묘하고 더 확고하게 만든다. 하지만 엘자의 등장으로 표면상 더욱 굳어지는 것처럼 보이는 자아와 타자의 경계는 칠흑같이 어두운 밤에 폭주 기관차를 들이받고 죽은 곰의 형상에 상징적으로 예시된 소피아의 죽음과 함께 인물 사이의 대립이 최고조에 이르는 지점에서 완전히 무너진다. 일종의 희생제의로 해석할 수 있는 소피아의 죽음은 수용소 내 모든 사람을 단일한 의미 공간 안에 하나로 통합하기 있기 때문이다. 다시 말해 소피아가 독일에서 귀향할 때 데려온 독일 아이로 말미암아 결국 죽게 되는 그녀 자신도, 그녀를 총살한 내무인민위원회 장교 피시만도, 러시아인에게 배척되는 엘자도, 이 모든 관계의 중심에 있는 이그나트까지도 포함하여 모든 사람이 똑같은 전쟁의 희생자인 것으로 드러난다. 이렇게 하여 '변방' 전체는 자아와 타자의 다층적 경계가 해체되면서 전쟁 피해자의 단일 공간으로 균일화 혹은 동일화된다.

이렇게 우치텔은 '변방'의 공간을 자아와 타자의 구분이 궁극적으로 소멸하는 탈경계 공간으로 탈바꿈시키고 있는데, 이 과정에서 그는 흥미롭게도 인간과 자연, 더 나아가 인간과 기계의 경계 구분까지도 모호하게 만든다. 이는 거의 하나로 합일되는 듯이 보이는 증기기관차와 이그나트의 긴밀한 유기적 관계에서, 또 열차에 새겨진

'구스타프'란 사람의 이름에서 쉽게 찾아볼 수 있다. 이러한 탈경계성은 매우 의미심장하게도 우치텔이 1950년대 해빙기 영화에 지배적이었던 잃어버린 친족의 발견이나 양자입양의 모티프를 변주하여 스탈린주의 '대가족 신화'의 해체적 재구성을 시도하고 있는 데서도 발견된다. 영화 마지막 장면에서 러시아인 이그나트와 독일인 엘자의 모호한 남녀관계가 확실한 부부관계로 발전하고 소피아가 독일에서 데려온 고아가 그들에게 아들로 입양되면서 새로운 소가족이 탄생한다. 이렇듯 1950년대 스탈린 사후 해빙기 영화에서처럼 아주 비슷한 방식으로 새롭게 형성되는 가족의 재구성 이야기는 우치텔이 자아와 타자의 탈경계 공간 속에 아름다운 시각적 언어로 펼쳐 보이는 인간 드라마의 의미론적 중심부를 형성한다.

이상과 같이 우치텔의 영화 『변방』은 전쟁을 중심으로 한 소비에트 역사의 탈신화화 시도로만 아니라, 최근 들어 다시 불거지고 있는 배타적 민족주의 정서나 애국주의 감정을 경계하면서 타자를 이해하고 관대하게 포용하려는 노력으로도 적극적 해석이 가능하다. 끝으로, 이 영화는 소비에트 시대와는 달리 지리와 공간이 역사와 시간보다 훨씬 더 중요하게 대두되는 포스트소비에트 시대에 영화적 상상력으로 '변방'의 탈경계 공간을 창조해 보여주고 있다는 점에서 영화사적, 문화적으로 중요한 의미를 지닌다.

5장

소비에트 모더니티의 전시장:

스탈린주의 영화의 시베리아 이미지

5장

소비에트 모더니티의 전시장: 스탈린주의 영화의 시베리아 이미지

러시아가 세계 국토면적 순위에서 예나 지금이나 부동의 1위를 차지하고 있는 것은 광대한 시베리아 땅 덕분이다. 넓게 말하자면, 동서로는 우랄 산맥에서부터 태평양 연안까지, 남북으로는 북극 지대에서부터 알타이 지방까지 끝없이 펼쳐진 땅을 가리켜 흔히 시베리아라고 한다. 이처럼 넓디넓은 시베리아는 16세기 이반 뇌제 시절 카자크 출신 예르마크(Ермак)에 의해 정복된 이후 내적 식민화 과정을 거치면서 지리학적, 지정학적, 지경학적으로 중대한 러시아 영토가 되었다. 이와 동시에 시베리아는 17세기 주사제 아바쿰(Аввакум)의 『생애전』(Житие, 1672-1673)에서 첫선을 보인 이래 문학, 회화, 영화 등 러시아 예술에서도 중요한 상상공간이 되었다. 하지만 미지의 광활한 시베리아 땅을 동서남북 곳곳에 걸쳐 영화만큼 그렇게 다채롭고 생생하게 펼쳐 보여준 예술 매체는 일찍이 없었다. 시베리아의 원시적 야생성과 이국적 신비감은 무엇보다도 영화의 생동감 넘치는 시각적 재현 속에서 가장 잘 드러날 수 있었다.

시베리아 공간이 러시아 영화에 처음 등장한 것은 1920년대 말이다. 1928년 프세볼로드 푸도프킨(Всеволод Пудовкин)이 자신의 여섯 번째 작품으로 『칭기즈칸의 후예』(Потомок Чингиз-хана)를 내놓으면서 러시아 영화의 시베리아 발견과 정복, 방어와 개발이 본격적으로 시작됐기 때문이다. 이때부터 2011년 현재 슬라바 로스(Слава Росс)의 『시베리아. 나의 사랑』(Сибирь. Монамур)에 이르기까지 약 80여 년 동안 시베리아는 러시아 영화에서 캅카스와 더불어 가장 중요한 러시아 변방의 문화 공간이었다. 그러나 지금까지 러시아에서 진행된 시베리아 공간의 영화적 재현과 문화적 구성 방식은 소비에트 시대, 특히 1930~40년대 스탈린 시대에 나온 것에서 크게 달라지지 않았다. 이런 점에서 푸도프킨의 『칭기즈칸의 후예』가 스탈린이 사회주의 건설을 목적으로 전격 시행한 '제1차 5개년계획'(1928~32) 원년에 나왔다는 사실은 우연이 아닐지 모른다.

『칭기즈칸의 후예』에서 시베리아는 혁명의 '붉은 폭풍'이 거세게 불어 닥치는 아시아 지역 사회주의 건설과 방어 공간으로 예시된다. 실제로 이후 1930~40년대 스탈린주의 영화 대부분에서 시베리아는 소비에트 제국의 아시아 변방이자 국경 지대로서, 사회주의 건설과 수호가 핵심 관건이 된다. 이와 관련하여 특별히 주목해야 할 영화는 알렉산드르 도브젠코(Александр Довженко)의 1935년 작 『아에로그라드』(Аэроград)이다. 시베리아 공간을 '황색 무리' 일본군 적으로부터 수호하고 이곳에 사회주의 이상 도시를 건설하려는 강력한 의지와 열망이 『아에로그라드』에서부터 가장 분명하게 나타났기 때문이다. 이 영화에 뒤이어 나온 1936년 세르게이 게라시모프(Сергей Герасимов)의 『7인의 용사들』(Семеро смелых)에서 1947년 이반 피리예프(Иван Пырьев)의 『시베리아 땅 이야기』(Сказание о земле сибирской)에 이르기까지 약 10여 년 동안 스탈린주의 영화에서 시베리아 이미지는 전적으로 사회주의 건설과 수호의 단일한 의미 지평 속에 수렴된다.

이렇듯 도브젠코의 『아에로그라드』는 스탈린 시기 시베리아 공간의 영화적 재현과 문화적 구성에서 하나의 전통을 굳게 확립한 작품으로 평가할 수 있다. 여기서 한 가지 더 강조해야 할 것은 스탈린 시기를 포함한 소비에트 시대에는 물론이고 포스트소비에트 시대에도 러시아 영화의 시베리아 공간 재현에서 상투적 기법으로 자리잡은 파노라마식 고공 촬영도 다름 아닌 『아에로그라드』에서 시작됐다는 사실이다. 좀 더 구체적으로 설명하자면, 영화 시작과 함께 아름다운 풍경의 끝없는 시베리아 타이가 숲이 파노라마식 고공 촬영과 조망을 통해 한눈에 들어오는데, 이러한 전통은 알렉세이 우치텔의 2010년 작 『변방』의 종결부와 슬라바 로스의 2011년 작 『시베리아. 나의 사랑』의 도입부에서도 그대로 이어지고 있다. 이뿐만 아니라, 『아에로그라드』에서 다양하게 선보인 고공 촬영과 조망 기법은 스탈린주의 문화에서 시베리아 '변방'이 모스크바 '중심'에 의해 정복, 지배되고 있음을 암시하기도 한다.

『아에로그라드』는 시베리아·극동 지역을 영화 매체로 시각화한 최초의 작품으로 기록된다. 이 영화에서는 특히 타이가 숲이 이 지역 공간의 대표 이미지로 제시되는데, 영화 서사의 시작과 함께 이국적 세계의 시적 풍경이 전경화되는 것도 타이가 숲의 파노라마식 조망 때문이다. 하지만 곧이어 타이가 숲의 낭만적 분위기는 그 안에 도사리고 있는 크고 작은 위협, 다시 말해 내외부 적들이 불러일으키는 긴장과 갈등 국면으로 전환된다. 타이가 숲에서 암약하는 일본군이 외부의 적이라고 한다면, 내부의 적은 일본군 첩자와 내통하는 러시아 사람이다. 이들의 목적은 시베리아·극동 지역을 소비에트 모더니티 공간으로 탈바꿈시키려는 스탈린의 산업화 정책을 방해하는 데 있다. 하지만 적들이 일망타진되면서 그들의 음모와 반란도 수포로 돌아간다. 영화 마지막 부분은 적에 대한 승리와 함께 극동 지역 태평양 연안에 사회주의 이상도시 '아에로그라드' 건설이 선포된다.

이처럼 『아에로그라드』에서 시베리아 땅이 사회주의 건설과 수호 현장이자 소비에트 모더니티의 실현 공간으로 제시되는 것은 1938년에 나온 세르게이 게라시모프의 『콤소몰스크』(Комсомольск)에서도 비슷하게 찾아볼 수 있다. 특히, 아무르 강가에 사회주의 메가폴리스 '콤소몰스크'를 건설하기 위해 소련 곳곳에서 몰려드는 청년들의 모습은 『아에로그라드』 마지막 부분에서 '아에로그라드' 건설을 위해 소련 각지로부터 태평양 연안으로 몰려오는 젊은 군인들의 모습을 떠올리게 한다. 또한, 타이가 숲 사이에 '아무르 강가의 콤소몰스크' 사회주의 도시를 건설하고 그곳에 '파리 콤뮨 광장' 등을 조성하는 여주인공의 환상 여행은 야생의 시베리아 땅을 개발하여 소비에트 모더니티의 문명 공간으로 탈바꿈시키고자 하는 스탈린주의 문화의 집단주의적 염원을 반영한다.

스탈린주의 영화에서 '제국의 변방' 시베리아가 소비에트 모더니티 공간으로 시각화되어 선전된 것은 1940년대에도 계속되었다. 1930년대와 비교하면 1940년대에는 시베리아 땅이 영화에 등장하는 예가 상대적으로 적었다. 하지만 이 시기 영화에서도 시베리아는 여전히 스탈린식 소비에트 모더니티의 실현 공간이었다. 이런 점에서 특기할 만한 영화는 이반 피리예프의 1947년 작 『시베리아 땅 이야기』이다. 피리예프의 1930년대 스탈린주의 '집단농장' 뮤지컬 영화에서는 모스크바나 캅카스가 주요 행위와 사건의 공간적 배경이 되었지만, 이 영화에서는 시베리아가 중요한 공간으로 설정되어 있다. 달리 말하자면, 『시베리아 땅 이야기』는 시베리아에 실현되는 소비에트 산업화 정책을 예찬하고 있다는 점에서 스탈린의 농업 집단화 정책을 찬미한 피리예프의 1930년대 영화들과 근본적으로 다르다. 또한, 이 영화는 시베리아 땅이 진정한 예술 작품의 탄생 무대로 설정되어 있다는 점에서도 피리예프의 전작들과도, 1930년대의 여타 스탈린주의 영화들과도 뚜렷하게 구별된다. 요컨대, 『시베리아 땅 이야기』에서 피리예프가 재구성한 시베리아는 소비에트 예술의 민중성과 산업의 현대성이 동시에 실현되는 문화 공간이다.

그러나 『시베리아 땅 이야기』 이후 러시아 영화에서는 시베리아가 스탈린식 소비에트 모더니티 공간으로 찬미, 선전되는 일이 거의 없었다. 1953년 3월 5일 스탈린 사망과 함께 찾아온 해빙의 분위기에서 스탈린주의 문화의 지배력이 급속히 약화했기 때문이다. 그렇다고 해서 스탈린주의 문화 전통이 완전히 사라진 것은 아니었다. 이 점은 스탈린주의 영화와 시베리아 공간의 관계에서도 잘 알 수 있다. 1960년에 나온 그리고리 알렉산드로프(Григорий Александров)의 『러시아 선물』(Русский сувенир)은 해빙기 러시아 영화에서도 시베리아 공간의 재구성이 1930~40년대 스탈린주의 문화 전통에 깊이 뿌리박고 있음을 보여주는 단적인 사례이다. 더욱이 알렉산드로프는 피리예프와 함께 1930년대 스탈린주의 뮤지컬 영화를 대표했던 양대 산맥이었다. 10여 년의 시간적 격차가 있기는 하지만, 흥미롭게도 두 감독은 각자의 영화에 시베리아를 주요 공간으로 끌어들였다. 특히 알렉산드로프가 제국의 '중심' 모스크바를 주로 다뤘던

1930년대와 비교할 때, 1960년대에 와서 그가 '변방' 시베리아를 전면에 내세운 것은 분명히 이례적인 일이다.

『러시아 선물』은 미국, 이탈리아 등 서구세계 관광객들을 실은 모스크바행 여객기가 갑자기 고장을 일으켜 시베리아 타이가 숲에 불시착하는 장면과 함께 시작한다. 이후 영화의 주요 행위와 사건은 이들이 마침내 모스크바에 도착하여 크렘린 등을 방문하고 나서 자국으로 돌아갈 때까지 대부분 시베리아 땅에서 펼쳐진다. 따라서 영화는 시베리아를 주로 보여주는데, 이때 시베리아는 냉전 시대에 소련을 바라보던 서구세계의 비뚤어진 시선을 바로잡아주는 소비에트 모더니티의 선전 공간으로 제시된다. 이 점은 서구세계 관광객들이 비행기 불시착 후 타이가 숲 속에서 만난 러시아 여성의 안내를 받아 도착한 장소가 과거에 악명 높은 강제노동수용소였지만, 지금은 산업 현대화 역군들을 위한 안락한 숙소로 탈바꿈했다는 사실에서부터 분명하게 드러난다. 바꾸어 말하자면, 시베리아는 이제 제정 러시아 시대의 유형 장소도, 스탈린 시대의 강제노동수용소도 아니다. 이곳은 야만과 공포가 지배하는 원시적 자연 공간이 아니라, 첨단 과학기술로 창조되는 현대적 문명 공간이다.

특히 숙소에서 서구인들을 따뜻하게 맞이하고 대접하는 현지인들의 환대 장면은 소비에트 모더니티에 인간적 면모를 더해준다. 이후 시베리아를 바라보는 서구인의 편견은 그들이 시베리아 강과 숲과 들판 곳곳에서 진행되는 사회주의 건설현장들을 차례로 방문하는 장면들에서 차츰차츰 사라진다. 달리 말하자면, 시베리아에 대한 서구인의 부정적 기대지평이 긍정적으로 뒤바뀐다고 할 수 있다. 이 점은 미국인 백만장자의 전기 담당 비서로 나오는 작가 호머 존스가 소련에 대해 처음에는 굉장히 회의적인 태도를 보이다가 나중에는 시베리아에서 펼쳐지는 소비에트 삶과 문화를 지지하고 선전하는 사람으로 변화하는 모습에서 가장 잘 나타난다. 이런 점에서 류보피 오를로바가 연기하는 영화의 (여)주인공 바르바라 코마로바의 매개적 역할은 특히 중요하다. 그녀의 순박하면서도 지적인 면모와 행보는 소비에트 모더니티가 건설되는 시베리아 땅의 인격적 구현을 보여준다. 외국인 여행자들이 그녀와 사랑에 빠지면서 시베리아, 더 나아가 소비에트에 대한 인식의 전환을 보이는 근본 이유도 여기에서 나오기 때문이다.

한편, 『러시아 선물』에서는 시베리아 공간의 현대화를 둘러싸고 드러나는 사회주의와 자본주의의 대비적 시선도 매우 흥미롭다. 미국인 백만장자는 아름다운 시베리아 호수를 바라보면서 그곳에 카지노와 나이트클럽 등 유흥단지를 건설하고 싶다고 말한다. 반면, 바르바라 코마로바는 호숫가에 극장, 요양소, 문화궁전 등을 짓고 싶다고 말한다. 이처럼 두 사람이 같은 장소를 바라보며 다른 꿈을 이야기하는 모습은 자본주의와 사회주의의 문화적 차이를 그대로 드러내 보인다. 다른 말로 표현하면, 소련 사회주의 문화의 건전성과 서구 자본주의 문화의 퇴폐성이 대비 관계 속에 고스란히 드러나고 있는 것이다. 이런 식으로 소비에트 사회주의 모더니티의 우월성이 분명하게 강조되고 있는데, 여기서 더 중요한 사실은 그러한 모더니티의 전시장이 제국의 '중심' 모스크바가 아니라 '변방' 시베리아라는 점에 있다.

이전까지 서구세계 여행객이 등장하는 많은 소비에트 영화에서 사회주의 모더니티의 우수성 혹은 우월성은 주로 모스크바를 중심으로 선전되었다. 1924년 레프 쿨레쇼프(Лев Кулешов)의 『볼셰비키 나라에서 일어난 미스터 웨스트씨의 비범한 모험』(Необычайные приключения мистера Веста в стране большевиков)으로 시작된 소비에트 영화 전통에서 서구인의 눈에 비친 모스크바는 항상 사회주의 현대화의 중심 세계로 묘사되었다. 이런 점에서 볼 때, 알렉산드로프의 『러시아 선물』이 서구인에게 소비에트 발전상을 선전하기 위해 시베리아를 중심에 놓은 것은 아주 특별하다고 할 수 있다. 한편, 『러시아 선물』은 해빙기 러시아 영화에서 스탈린식 시베리아 공간의 문화적 재구성 작업이 없었던 점에서도 커다란 의미가 있다. 이는 당시 대부분 영화 작품들에 걸쳐 시베리아가 주로 개인적 차원에서 치유나 자유의 공간으로 탈이념화, 탈신화화되었다는 점에 비춰볼 때 특히 의미심장하다. 끝으로, 이처럼 해빙기의 탈스탈린주의 분위기 속에서도 시베리아가 스탈린식 소비에트 모더니티 공간으로 또다시 전경화되었다는 사실은 시베리아 공간을 바라보는 스탈린주의 특유의 시선이 러시아 영화 문화에 그만큼 뿌리 깊게 남아 있다는 것을 가장 잘 보여준다. 이런 측면에서 볼 때, 1970~80년대 소비에트 말기와 1990~2000년대 포스트소비에트 시대 러시아 영화에서 시베리아 공간이 어떻게 나타나고 있는지를 살펴보는 것도 앞으로 흥미있고 의미 있는 작업이 될 것이다.

6장

전쟁의 기억:

노스탤지어와 탈신화화 사이

6장

전쟁의 기억: 노스탤지어와 탈신화화 사이

2011년은 소비에트 체제 붕괴 20년이 되는 해였다. 지난 20년 동안 러시아에서는 소비에트 과거에 대한 재평가 작업이 꾸준하고도 활발하게 진행되었다. 이 과정에서 소비에트 시절 신성시되고 신화화된 역사적 사건이나 위업들은 긍정성이 강조되는 추억의 대상이 되기도 했지만, 동시에 부정성이 드러나는 반성의 대상이 되기도 했다. 예를 들면, 대조국전쟁으로 불리는 2차 세계대전 승리는 공식 담론 안에서 예나 지금이나 항상 러시아 역사의 영광스러운 한 페이지로 기억되고 선전되었다. 다른 한편, 대조국전쟁 승리의 위대한 신화도 개별적 기억과 비공식 담론 속에서는 해체되어 새롭게 재구성되기도 했다.

흥미롭게도 대조국전쟁 기억의 재구성 움직임은 소비에트 노스탤지어 바람이 강하게 불었던 2000년대 푸틴 시대에 매우 활발했다. 애국적 민족주의 정서가 그 어느 때보다 더 고조되었던 이 시기에 대조국전쟁 승리의 기억은 집단적, 공식적 차원에서 러시아 국민에게 민족적, 국가적 자부심을 심어주는 데 주로 이용되었다. 반면, 개별적, 비공식 차원에서 그것은 전쟁 현실의 어두운 이면과 숨겨진 진실을 규명하여 전쟁 상처를 치유하는 데 곧잘 소환되었다. 이런 면에서 자아와 타자, 즉 아군과 적군 사이의 엄격한 경계 구분을 과감하게 무너뜨리거나 모호하게 하는 영화감독들의 개별적 장작 활동은 매우 주목할 만하다. 과거 전통에서는 적군이 잔악하게만 묘사되고 아군은 영웅적으로만 제시되었지만, 이 시기 적지 않은 영화들에서는 적군이 항상 악마화되지만은 않고 오히려 인간화된 모습으로 그려지기도 했다. 또한, 전쟁 동안 자행된 자국민에 대한 탄압과 학살 장면이 새롭게 제시되면서 금기타파 시도도 적지 않았다. 이를 가장 잘 보여주는 최신 영화로는 러시아 정부로부터 TV 상영자제 요청을 받기도 했던 알렉산드르 우스튜코프(Александр Устюгов)의 2012년 작 『소련에 봉사하다』(Служу советскому союзу)이다.

우크라이나에서 TV 방송으로 사전 상영된 우수튜코프의 영화는 지난 6월 22일 독일군의 소련 침공 일에 맞춰 국영 채널 NTV의 전파를 타고 러시아 전역에 상영될 예정이었다. 하지만 우크라이나에서 『소련에 봉사하다』를 미리 본 러시아연방 문화부 장관 블라디미르 메딘스키(Владимир Мединский)는 이 영화가 부정확하고 부적절한 내용으로 대조국전쟁의 역사적 기억에도, 참전용사들에게도 모욕이 될 수 있다고 논평하고 블라디미르 쿨리스티코프(Владимир Кулистиков) NTV 이사장에게 영화 상영을 중지해달라는 친서를 보냈다. 그럼에도 영화 상영이 강행되면서 전쟁 기억을 둘러싼 논란은 더욱더 증폭되었다. 스탈린의 강제노동수용소를 배경으로 하는 이 영화에서는 소련군 간수들이 1941년 6월 22일 독일군 침공으로 겁을 집어먹고 죄수들을 모두 버리고 달아난다. 반면, 버려진 채 남아 있던 죄수들은 독일군의 공격을 성공적으로 무찌르고 살아남는다. 그러나 독일군을 물리친 그들의 영웅적 행적은 다시 돌아온 소련군 간수들에 의한 무자비한 학살로 막을 내린다.

대조국전쟁에서 소련군이 동족이자 자기편인 수용소 죄수들을 무참하게 탄압하고 학살했다는 영화 내용은 소비에트 과거에나 포스트소비에트 현재에도 정부 주도 또는 지원의 공식 담론에서 기억되고 선전되는 소련군의 위대한 희생과 승리에 먹칠하는 행위나 다름없다. 그러나 『소련에 봉사하다』는 대조국전쟁에서 벌어진 아군에 의한 아군의 학살 만행을 적나라하게 묘사함으로써 전쟁 승리의 기억에서 소비에트 노스탤지어를 부추기기보다는 신화적 아우라를 벗겨 내 전쟁 현실의 민얼굴을 있는 그대로 보여주고자 했다. 특히 이 영화는 소련군이 죄수였지만 동족이었던 자국민에게 적군인 독일군 못지않게 비정한 행태를 보이기도 했다는 점을 밝힘으로써 아군과 적군, 자아와 타자 사이의 경계 구분에 근본 문제를 제기한다.

이와 관련하여 주목할 만한 또 다른 영화는 알렉세이 게르만 주니어(Алексей Герман-Младший)의 2004년 데뷔작 『마지막 열차』(Последний поезд)이다. 이 영화에서 게르만은 소비에트에서 포스트소비에트 시대까지 러시아 주류 영화에서 대부분 잔악한 이미지로만 묘사되었던 적군인 독일군에게 인간적인 모습을 부여했다. 이런 식으로 인간의 얼굴을 한 적군을 묘사한 게르만의 『마지막 열차』는 적군의 행태를 보인 아군을 제시한 우스튜코프의 『소련에 봉사하다』와 형식상 다르지만, 자아와 타자의 굳건한 경계에 균열을 낸다는 점에서 의미상 유사하다. 게다가 『마지막 열차』는 현재까지 포스트소비에트 시대 영화들에서 전쟁의 기억을 둘러싸고 일어난 강력한 소비에트 노스탤지어 바람에 맞서 탈신화화 경향을 이끌었던 선도적 영화 가운데 하나로서 큰 의미가 있다.

게르만의 『마지막 열차』는 무엇보다도 적군인 독일군 진영의 두 인물을 영화 서사의 주인공으로 내세우고 있다는 점에서 소비에트 시절이나 포스트소비에트 시대에 나온 대조국전쟁 관련 러시아 영화들과 근본적으로 다르다. 게다가 영화는 러시아 전쟁 영화들에서 흔히 보이는 독일군이나 독일인의 잔악상도 소련군이나 소련인의 영웅상도 전혀 제시하지 않는 대신 전쟁의 살육장에서 인간 존재의 무기력함과 무의미함을 전경화함으로써 적군과 아군의 경계 패러다임을 해체하고 더 나아가 전쟁 자체의 부조리함까지도 강조한다. 이는 패색이 짙은 전쟁 막바지에 '마지막 열차'를 타고 동부전선의 독일군 야전병원으로 파견된 외과 의사 폴 피스바흐(Paul Fisbach)가 맞닥뜨리는 전쟁 현실의 참혹성에서뿐만 아니라 무질서에서 가장 잘 나타난다. 실제로 게르만이 묘사하는 피스바흐 주변의 전쟁 현실은 일반적 전쟁 영화의 상투적 문법 구조에서 완전히 벗어나 적군과 아군 사이에 형성되는 수평적 대립 관계도, 적군과 아군 각 진영 내에서 확립되는 수직적 위계 관계도 동시에 무너뜨린다. 이 점은 짙은 안개에 싸인 숲 속 여기저기서 예기치 않게 튀어나오는 사람들이 적군인지 아군인지 쉽게 분간하지 어려운 상황이 자주 되풀이되면서 영화의 전쟁 공간 대부분을 차지하고 있는 데서 잘 뒷받침된다. 이런 상황에서는 아군이 아군을 공격하는 일도 발생하는데, 이는 소련 유격대가 혼란 상황 속에서 러시아 민간인들을 적으로 오인하고 그들에게 총격을 가하는 장면에서 발견된다. 게다가 여기에서는 적군이든 아군이든 서로서로 왜 죽여야만 하는지에 대한 뚜렷한 이유도 찾아보기 어렵다. 바꾸어 말하자면, 『마지막 열차』에서는 전쟁의 궁극적 목적이 어디에 있는지를 직접 설명하거나 간접 암시해주는 요소가 거의 드러나 있지 않다.

이와 관련하여 강조해야 할 것은 대조국전쟁과 관련한 일반적 영화 담론에서 흔히 보이는 것과 달리 게르만의 『마지막 열차』에서는 소련군의 헌신적 희생이나 영웅적 승리가 부각되면서 끝나는 사건 전개의 극적 결말도 전혀 나타나지 않는다는 사실이다. 이는 영화 서사의 초점이 소련군 진영이 아닌 독일군 진영의 외과 의사 피스바흐에 맞춰져 있는 데서 가장 분명하게 알 수 있다. 더구나 그는 전쟁의 살육 현장에서 의사로서 제대로 된 역할이나 기능도 보여주지 않는다. 다시 말해서 의사 피스바흐는 군인이든 민간인이든 그들의 생명을 구하지 못한다. 이 점은 영화 마지막 장면에서 피스바흐가 죽어가는 어린 소녀에게 아무것도 해주지 못하는 무기력 상태와 그 자신도 속수무책으로 죽어 갈 수밖에는 비극적 상황 속에 웅변적으로 나타나 있다.

이처럼 『마지막 열차』의 탈영웅화 담론은 무엇보다도 전쟁의 현장에서 피스바흐를 잉여적 존재로 전락시키는 그의 무행동을 통해 나타나고 있지만, 피스바흐의 비영웅성은 그의 남다른 외모에서도 나온다. 영화 서사의 시작과 함께 열차 창문을 통해 제시되는 피스바흐의 모습은 그가 전장에 어울리는 사람이 전혀 아님을 암시해준다. 대머리에 안경을 낀 뚱뚱한 체구는 피스바흐의 용모가 외과 의사이자 지식인인 사람의 이미지에 더 가깝지 민첩하고 용감하게 전장을 누비는 군의관의 모습과는 거리가 멀어도 한참 멀다. 특히 그의 뚱뚱한 거구에서 풍기는 육중하고 어색한 느낌은 영화 서사의 느린 사건 전개와 맞물리면서 피스바흐가 전쟁 영화의 주인공으로는 전혀 어울리지 않는 인물이라는 인상을 자아낸다. 게다가 이러한 인상은 영화를 보는 관객으로 하여금 주인공에게서 카타르시스보다는 일종의 불편함을 느끼게 하기에 충분하다.

이런 식으로 적군 진영의 인물을 영화의 주인공으로 내세우면서도 게르만은 그로부터 영웅적 형상은커녕 그에게 치유적, 구원적 역할도 부여하지 않는다. 그렇다고 게르만은 아군 진영의 인물에게 그러한 역할이나 의미를 부여하는 것도 아니다. 영화 서사 전체에 걸쳐 드문드문 나타날 뿐인 러시아 유격대원들의 모습도 영웅적 이미지와는 거리가 멀다. 물론 이들은 안개에 싸인 숲 속에서 적군 진영인 피스바흐와 갑자기 마주치면서도 그를 죽이지 않고 살려주기도 한다. 하지만 이들은 아군 진영의 민간인들을 적으로 오인하여 죽이기도 한다. 요컨대, 이들은 전쟁의 혼미한 극단적 상황에서 적군에게 자비를 베풀기도 하지만, 아군을 죽음으로 내몰기도 한다. 게다가 이들은 잘 정비된 규율과 질서, 목적 속에서 일사불란하게 움직이기보다는 그때그때 상황에 따라 이리저리 휩쓸릴 뿐이다. 이들에게는 뚜렷한 구심점이 존재하지 않는다. 전쟁 영화인 『마지막 열차』에서 치열한 전투 장면이 단 한 대목도 보이지 않는 것도 이런 데서 기인한다. 따라서 이 영화에서는 누구의 승리도 누구의 패배도 분명하게 나타나지 않는다. 여기에는 뚜렷한 목적의식 없이 생사의 갈림길에 내던져진 사람들만 있을 뿐이다.

『마지막 열차』에서 알렉세이 게르만 주니어가 시도한 전쟁 승리 신화의 해체와 전복 작업은 이 영화의 미학적 기법에서도 잘 나타난다. 이와 관련하여 가장 특기할 만한 점은 영화 서사의 시작과 함께 즉시 알 수 있는 흑백 화면이다. 이러한 색깔의 사용은 영화 서사의 사건과 행동에 사실성과 현장감을 부여해주는 다큐멘터리 효과를 낳는다. 이와 함께 잦은 클로즈업과 롱테이크 샷, 핸드카메라 동원은 이 영화에서 전쟁의 현실이 거대 시점에서가 아니라 특정 인물의 개별 시점에서 묘사되고 제시된다는 것을 말해준다. 이런 이유 때문에 『마지막 열차』에서는 전쟁의 파노라마도 스펙터클도 전혀 찾아볼 수 없다. 그 대신 관객은 피스바흐 등 개별 인물의 눈높이에 맞춘 시점을 통해 전쟁 현실의 참상을 세밀하게 관찰하고 목격할 수 있다. 『마지막 열차』에서는 이러한 미학적 기법들을 통해 전쟁의 서사시적 장엄성이 사라지고 일상성이 강조된다.

이와 함께 『마지막 열차』에서 주목해야 할 또 다른 중요한 기법은 이 영화에서 게르만이 시도하고 있는 독특한 전쟁 공간의 구성이다. 짙은 안개에 싸여 전후좌우를 분간하기 어렵게 하는 장소들로 창조되는 전쟁 공간은 무엇보다도 자아와 타자 사이에 뚜렷한 경계 설정을 방해한다. 러시아 유격대원들이 자기편 민간인들에게 총격을 가해 죽이는 예기치 못한 상황이 발행하는 것도 이런 이유 때문이다. 이처럼 가시성 확보가 쉽지 않은 상황에서는 인물들이 물리적 방향감각을 상실할 뿐만 아니라 정신적 혼미상태에 빠져들기도 한다. 더욱이 이러한 혼미상태에서는 적군과 아군 진영 사이에서든, 각 진영 사이에서든 정상적 삶이 존재하기 어렵다. 『마지막 열차』에서 전쟁 현실의 부조리와 참혹성이 특히 신랄하게 도드라지는 것도 바로 이런 공간 구성과 배경에서이다. 탈출구가 없어 보이는 이러한 공간 창조를 통해 게르만은 막다른 상황에 놓은 전쟁 현실을 지적한다.

이처럼 이색적 공간 창조에서도 엿보이는 전쟁 묘사의 상투성 탈피 노력은 영화의 언어적 층위에서도 발견된다. 소비에트 과거에나 포스트소비에트 현재에도 러시아 전쟁 영화에서는 독일어 사용이 최소화되어 있다. 이와 대조적으로 게르만의 영화에서는 독일어 대사가 최대화되어 있고 러시아어 대사는 10여 분으로 최소화되어 있다. 독일어 대사가 이처럼 많이 사용되고 있는 것은 러시아어 대사가 대부분인 대조국전쟁 관련 영화들에 익숙한 러시아 관객들에게는 분명히 낯설고 불편한 효과를 자아낸다. 이와 함께 인물들 사이의 대화도 최소화되어 있을 뿐만 아니라 잘 알아듣기도 어렵다는 점도 영화의 언어적 특징을 잘 보여준다. 특히, 적군 진영에서나 아군 진영에서도 인물들의 대사나 대화에 전쟁의 페이소스가 전혀 묻어나 있지 않은 점은 『마지막 열차』가 영웅성과 신화성이 돋보이는 일반적 전쟁 담론에서 많이 벗어나 있음을 증명해준다. 이 영화에서 인물들은 오히려 관조적 독백을 통해 인간 존재의 의미에 대한 내면적 성찰을 보여 주곤 한다.

이상에서 살펴보았듯이, 『마지막 열차』는 대조국전쟁을 둘러싼 노스탤지어와 탈신화화 경향에서 후자를 대표하며 소비에트 과거를 추억의 대상으로서가 아니라 반성의 대상으로서 다룬다. 이러한 접근법은 소비에트 노스탤지어 경향이 날로 확산되던 2000년대 초반만 하더라도 낯설었지만, 2012년 작 『소련에 봉사하다』에서 알 수 있듯이 포스트소비에트 러시아 영화계에서 여전히 꾸준하게 지속되고 있다. 공식 담론에 의해 일방적으로 선전되고 주입되는 대조국전쟁의 신화적 기억은 러시아 국민에게 민족적, 국가적 자긍심을 심어주는 데 효과적이고 중요할지 모르지만, 그런 과정에서 은폐되는 진실을 밝히고 상처를 치유하는 데서는 바람직하지 못하다. 대조국전쟁의 일방적 신화화에 맞서 반성과 성찰의 또 다른 시선을 제공한 게르만의 영화 작업이 큰 의미가 있는 것도 이런 맥락에서이다.

7장

면역학적 타자의 초상:

이주노동자는 인간인가 도구인가?

7장

면역학적 타자의 초상: 이주노동자는 인간인가 도구인가?

2012년 10월 18일 '레바다-센터' 여론조사 결과를 보면, 현재 러시아 국민 47%는 중앙아시아 출신 이주노동자가 절대 다수인 러시아 내 외국인 노동자를 부정적으로 바라본다. 이는 같은 사안을 놓고 지금까지 진행된 각종 여론조사에서 가장 높게 나타난 수치로 특히 주목할 만하다. 러시아 사회에서 이주노동자를 바라보고 대하는 부정적 시선과 배타적 태도가 날로 악화하고 있음을 단적으로 보여주고 있기 때문이다. 달리 말하자면, 관용과 포용의 정신이 러시아 사람들 사이에서 점점 더 희미해지고 있는 것이다.

한편, '레바다-센터' 여론조사 결과가 발표된 날 상트페테르부르크 시 정부 '톨레랑스'(관용) 프로그램 웹사이트에는 페테르부르크에 온 중앙아시아 지역 출신 노동자들을 위한 만화책 『이주노동자 안내서』(Справочник трудового мигранта, 이하 『안내서』)가 공개되었다. 그런데 이 책자가 공개되자마자 러시아 시민사회에서는 큰 논란이 빚어졌다. 주인공으로 등장하는 이주노동자들이 집을 짓거나 수리하고, 청소할 때 쓰는 빗자루, 주걱, 롤러, 솔 등의 가재도구로 묘사되었던 것이다. 이와 반대로 이주노동자들이 페테르부르크에 적응하도록 법률적, 의학적, 문화적 차원에서 도와주는 사람들은 경찰이나 의사 등으로 지극히 정상적인 모습이었다. 책자가 인터넷 사이트에 공개되자마자 '인권을 위하여'와 같은 시민운동단체로부터 비판의 뭇매를 맞은 것도 이런 대목 때문이다.

책자는 총 3부로 구성돼 있다. 제1부에서는 듬직한 인상의 경찰관이 국경 통과, 체류 기간, 노동 허가 등 러시아연방 내 이주노동자의 법적 지위에 관한 사항들을 설명한다. 제2부에서는 인자한 모습의 의사가 에이즈 등 인간면역결핍바이러스(HIV)와 같은 질병 예방에 관한 의학 지식과 정보를 제공한다. 제3부 "유용한 조언들"에서는 박물관 학예사로 보이는 어여쁜 아가씨가 이주노동자들이 페테르부르크에서 사회적, 문화적으로 적응하는 데 필요한 조언을 들려준다. 이 밖에 거리에서 침을 뱉거나 쓰레기를 버려서도 안 되고, 민족 전통의상을 항시 차려입고 다니거나 명품 구두에는 운동복을 걸치고 다녀서도 안 된다고 당부한다.

이처럼 『안내서』는 '톨레랑스' 정신과 노력을 구현하는 친절한 내용으로 꾸며져 있다. 이를 액면 그대로 받아들인다면, 책자는 중앙아시아 출신 이주노동자들이 러시아의 문화 수도 페테르부르크에서 일하고 생활하는 데 도움이 될 것이다. 게다가 시 당국은 이주노동자들이 책자 내용을 거부감 없이 받아들일 수 있도록 사전에 여러모로 충분히 검토하고 준비했다고 한다. 그래서 이주노동자들은 건설 도구로 우스꽝스럽게 그려진 자신들의 모습에 불쾌감을 느끼기는커녕 오히려 더 재미있어했다고 한다. 이와 같은 근거로 시 당국은 이주노동자의 본질적 인간성 대신에 도구적 기능성만 부각하고 있는 그림들이 당사자에게 모욕감을 안겨주고, 더 나아가 일상에서 외국인 혐오증(Xenophobia)까지 유발할 수 있다는 인권운동가들의 우려 섞인 비판에도 아랑곳하지 않았다.

그러나 『안내서』 내용에 대해 찬찬히 생각해보면, 책자의 이면에 담긴 내포적 의미도 어렵지 않게 짐작할 수 있다. 여기서 우리는 포스트소비에트 러시아 사회가 치명적 질병 등 위험 요인들의 실제적, 잠재적 담지자나 유포자로서 이주노동자라는 '면역학적 타자의 부정성'에 민감한 방어적 반응을 보이고 있음을 직감한다. 오늘날 러시아는 제도적 측면에서뿐 아니라, 심리적 차원에서도 면역학적으로 단단히 조직화된 규율사회이다. 여기서는 이주노동자들처럼 이질적이고 위협적인 요인들을 안고 있는 면역학적 타자들이 특수한 사회적 공간 구조나 질서 속에서 엄격한 통제와 훈육 아래 놓인다. 『안내서』 내용은 제1부 시작에서부터 제3부 마지막에 이르기까지 이를 잘 뒷받침한다. 게다가 이런 규율사회에서는 면역학적 주체들의 통제와 훈육 과정에서 인간 이하의 취급이 비일비재하고, 생명을 위협하는 폭력도 빈번히 발생한다.

이와 관련하여 동시대 러시아 영화에 나타난 중앙아시아 이주노동자의 힘겨운 삶에 주목할 필요가 있다. 이주노동자로 러시아에 온 '면역학적 타자의 부정성'이 실제로 어떻게 통제·훈육되고 있는지를 가장 최근의 러시아 영화만큼 더 잘 보여주고 있는 것도 없기 때문이다. 이런 면에서 드미트리 마믈리야(Дмитрий Мамулия) 감독의 영화 『또 다른 하늘』(Другое небо, 2010)이 특히 흥미롭다. 이 작품은 타지키스탄 출신의 중년남성 알리(Али)가 어린 아들과 함께 익명의 러시아 대도시에 와서 집 나간 아내의 행방을 탐문하는 과정에서 벌어지는 일련의 사건들을 다룬다. 중앙아시아인의 외모에다 행색마저 남루한 알리는 러시아 대도시 기차역에 도착한 직후 거리에 나서자마자 이질성이 두드러진 면역학적 타자로서 모욕적인 취급을 당하기 시작한다.

아내가 대도시 어디에 살고 있는지 곧장 알아내기라도 하려는 듯이 알리는 기차역 밖으로 나가 공중전화 박스에서 어딘가로 전화한다. 하지만 전화 통화가 연결되지 않자 알리는 실망한 기색으로 힘없이 아들이 기다리고 있는 곳으로 되돌아온다. 그런데 이때 알리는 갑자기 나타난 러시아 경찰에 목덜미를 붙잡혀 부근에 대기 중인 경찰 버스까지 강제로 질질 끌려간다. 충격적인 사실은 경찰이 알리를 닭이나 개처럼 짐승 취급을 하며 끌고 가는데도 그가 항의나 저항의 몸짓은커녕 끽소리도 내지 않는다는 점이다. 불법 이주자이자 면역학적 타자인 알리와 같은 사람을 그렇게 다루는 것은 러시아에서 지극히 당연한 일로 받아들여지고 있기 때문이다. 따라서 경찰의 강압 행위에 대고 비인간적, 반인권적 처사라고 아무리 크게 소리쳐 봐도 그런 말은 공허한 메아리가 될 뿐이다.

경찰서 조사를 받고 난 다음 알리는 중앙아시아 이주노동자들이 러시아의 면역학적 타자로서 반드시 거쳐야만 하는 위생검사를 받기 위해 병원으로 이송된다. 이때 러시아 의사들은 실오라기 하나 걸치지 않고 벌거벗은 채 모멸적인 상태로 서 있는 알리와 같은 사람들에게 머리에서 발끝까지 소독약 물을 분무기로 뿌려댄다. 면역학적 타자의 러시아 통과 의식 가운데 두 번째 단계를 보여주는 이 장면에서도 경찰에게 잡혀가던 이전 장면에서처럼 자아와 타자 사이에는 어떤 인간적 소통 관계도 성립하지 않는다. 게다가 이 장면에서는 거울에 비친 알리의 모습이 선명하게 제시되는데, 이는 그가 한순간 사각의 틀 속에 갇혀 있는 듯한 착각을 불러일으킨다. 더욱 의미심장한 사실은 영화 전체에 걸쳐 이런 시각 이미지가 자주 반복된다는 점이다. 이러한 이미지 설정은 결국 알리와 같은 면역학적 타자들이 통제와 훈육의 틀 안에 속박되어 있고, 또 그렇게 되어야만 한다는 것을 암시하는지 모른다.

이후 알리는 대도시에서 이주노동자가 되어 벽돌공장에서 시멘트를 나르고 목재공장에서 원목을 가공하는 등 험한 일을 마다치 않으며 틈틈이 아내의 행방을 찾아 나서곤 한다. 그러나 영화 제목으로 제시된 "또 다른 하늘"은 이주노동자 알리에게 삶의 공간이 아니라 죽음의 공간으로 다가온다. 실제로 영화는 처음부터 죽음의 이미지가 압도한다. 먼저, 알리가 러시아로 오기 전까지 타지키스탄 고향 마을에서 기르던 자식 같은 양들이 하나둘씩 죽어나간다. 죽음의 불길한 그림자는 알리가 대도시에 왔을 때도 계속 이어진다. 한밤중에 고물차를 빌려 타고 가는 길에 알리는 거리에서 개를 치지만, 개가 그대로 죽게 내버려 두고 그 자리를 떠난다. 알리가 개를 치어 죽게 만든 사고는 그의 아들이 아빠가 엄마를 찾아 나간 사이에 벌목장에서 홀로 남아 있다가 나무에 치여 죽는 비극적 사고를 예고한다.

이처럼 알리에게 닥치는 죽음의 악순환 고리에서 주목할 만한 특징은 인간의 죽음조차도 글자 그대로 '개죽음'이나 다름없는 취급을 당한다는 사실이다. 더욱이 이는 고향에서 알리가 죽은 양들을 낭떠러지로 옮겨가 발로 차서 버리고, 대도시에서 차로 친 개를 거리에 그대로 방치해 두는 장면에 이미 예시되어 있다. 게다가 죽은 짐승들과 비슷하게 그의 죽은 아들도 병원 지하 깊숙한 곳에 자리 잡은 시체보관소에서 많은 시체 가운데 하나로 아무렇게나 방치되어 있는 것으로 드러난다. 싸늘한 시체로 변한 알리 아들의 예에서 짐작할 수 있듯이, 러시아 대도시에서 면역학적 타자로서 이주노동자들은 경찰서와 보건소에서 당하는 것처럼 인간 이하의 짐승 취급을 받거나 비극적 죽음을 맞거나 하는 것이다. 이런 가운데 알리는 영화 마지막에 가서 결국 찾아낸 아내와 함께 타지키스탄으로 돌아가지만, 그의 '아내 찾기'는 '아들 상실'이라는 값비싼 대가를 치러야만 했다.

이처럼 모스크바나 상트페테르부르크와 같은 러시아 대도시에서 면역학적 타자로서 비인간적 대우를 받으며 밑바닥 생활을 하는 중앙아시아 이주노동자들은 마믈리야의 『또 다른 하늘』에서만 시각화되어 나타나는 것은 아니다. 마믈리야의 영화와 마찬가지로 2010년 같은 해에 나온 우즈베키스탄 출신 영화감독 유수프 라지코프(Юсуп Разыков)의 『이주노동자』(Гастарбайтер)에서도 우리는 포스트소비에트 시대 중앙아시아 사람들이 러시아에서 이주노동자로 면역학적 타자가 되어 살아가는 특별한 삶의 방식을 목격할 수 있다. 라지코프 영화에서 주인공 노인은 아내를 찾아 러시아 대도시에 와서 이주노동자가 되는 마믈리야의 주인공처럼, 손자를 찾아 러시아의 수도 모스크바에 왔다가 이주노동자로 전락하는 운명의 변화를 맞이한다. 하지만 이 영화에서 더욱더 흥미로운 점은 이주노동자 노인이 2차 세계대전 당시 러시아 사람들과 함께 나치 독일군의 침공에 맞서 모스크바를 방어한 참전용사이기도 하다는 사실이다. 이런 점에서 영화는 소비에트 시대의 '민족우호'에서는 형제였고 '대조국전쟁'에서는 동지였던 사람들의 긍정성이 이주노동자라는 면역학적 타자의 부정성으로 역전된 포스트소비에트 러시아 사회의 냉엄한 현실을 가감 없이 보여준다고 할 수 있다.

영화는 먼저 백발의 주인공 노인이 손자를 찾아 모스크바로 오기 전까지 그의 우즈베키스탄 고향 마을과 생활부터 제시한다. 이후 모스크바에 도착한 노인의 눈앞에 펼쳐지는 도시 풍경은 과거와는 판이해진 현대 러시아의 시간적, 공간적 변화상을 보여준다. 이는 소비에트에서 포스트소비에트로 바뀐 현재 상황에서 주인공 노인과 같은 중앙아시아 출신 사람들도 더 이상 과거의 위치로만, 혹은 과거의 기억으로만 살아갈 수 없음을 암시하는 중요한 시각적 기호가 된다. 실제로 소련 붕괴 이후 급변한 모스크바의 사회·경제적 질서 안에서 노인과 같은 구시대 인물들은 최소한의 생계에 필요한 일자리도 찾기가 매우 어렵다. 노인이 전쟁영웅에서 마약밀매에 가담하는 범죄자가 될 수밖에 없는 이유도 여기에 있다. 결국, 그는 마약거래 혐의로 경찰에 붙잡혀 철창신세를 진다. 곧이어 그는 다행히도 전쟁영웅이라는 사실이 알려지면서 선처를 받아 석방되지만, 행운은 오래가지 않는다. 감방에서 석방된 이후 노인은 어느 매춘부의 도움을 받아 그동안 소중히 지니고 있던 훈장 등 소비에트 과거의 영광을 팔아 생계비를 마련하지만, 이마저도 호텔 숙박비를 내고 나면 남는 것이 하나도 없기 때문이다. 급기야 노인은 카페에서 노예처럼 접시닦이를 하는데, 이처럼 그가 이주노동자가 되어 다시 한번 러시아 사회 밑바닥으로 떨어지는 냉혹한 현실 앞에서는 소비에트 노스탤지어로 표현되는 영광스러운 과거의 기억도 한낱 환상에 불과할 뿐이다.

이상과 같이 『또 다른 하늘』, 『이주노동자』 등 동시대 러시아 영화에서 생생하게 묘사되는 중앙아시아 출신 이주노동자들의 비참한 현실을 고려할 때, 페테르부르크 시 당국이 발간한 『안내서』는 그들을 둘러싼 러시아 사회의 불편한 진실을 감추는 위장막이 될 수도 있다. 특히, 『안내서』에서와는 달리 『또 다른 하늘』에서 이주노동자들에게 경찰은 매우 억압적이고, 의사는 그저 냉담할 뿐이다. 이런 면에서 베라 스트로제바(Вера Строжева)의 영화 『내 남자친구는 천사』(Мой парень - ангел, 2011)에 나오는 이주노동자가 엉겁결에 병원 신세를 지고 돌아온 뒤 다시 만난 여주인공에게 하는 말은 경청할 만하다. "병원 정말 좋대요. 의사들도 간호사들도, 환자들도 죄다 술에 취해 있다니까요!" 이 말이 누가 누구를 관리·감독해야 하는지, 과연 누가 더 이상한지 러시아 사회에 묻는 말이라고 한다면, 지나친 확대해석일까?

소비에트 시절 러시아 사람들은 '민족우호' 기치 아래 중앙아시아 지역 출신들과도 형제자매 사이처럼 잘 지내곤 했다. 그랬던 사람들이 지금은 그들을 점점 더 기피하다 못해 사갈시하기까지 한다. 이런 추세를 막아보고자 '톨레랑스' 프로그램을 만들고 『안내서』를 제작·배포하는 등 타자에 대한 관용과 포용 노력이 한창이다. 하지만 바로 『안내서』에서처럼 가재도구로 변한 이주노동자들의 괴상한 모습을 자연스럽게 받아들이는 태도가 일소되지 않는 한 영화에서 관찰되는 암울한 일상은 러시아 사회의 부정적 자화상으로 그대로 굳어질지 모른다.

8장

키노 코스모스:

러시아 현실의 거울로서 우주

8장

키노 코스모스: 러시아 현실의 거울로서 우주

1961년 4월 12일 유리 가가린(Юрий Гагарин, 1934~68)이 '보스토크 1호'를 타고 카자흐스탄 바이코누르 우주기지를 출발하여 108분 동안 지구 궤도를 도는 비행을 무사히 마치고 다시 카자흐스탄 초원에 안착했다. 그 이후 매년 4월 12일이면 러시아에서는 가가린의 인류 최초 우주비행을 기념하는 행사가 전국 방방곡곡에서 다채롭게 벌어진다. 가가린의 역사적 우주비행 52주년을 맞이한 올해 4월 12일에도 러시아 곳곳에서 어김없이 그의 위업을 기리는 축하행사가 풍성하게 열렸다. 그렇지만 가가린의 우주비행은 러시아만의 쾌거이자 자랑에 그치지 않고 전 세계와 인류의 위대한 과학적 성취이자 소중한 문화적 유산이기도 하다. 2011년 유엔(UN)이 4월 12일을 '인류우주비행의 날'(International Day of Human Space Flight, 이하 '우주비행의 날')로 지정하여 기념하는 까닭도 여기에 있다.

올해 '우주비행의 날' 기념행사에서 인상적이었던 풍경 가운데 한

가지는 모스크바 우주인기념박물관 기념탑 부근에서 젊은 학생들이 약속된 시간에 모여 '우리가 세계 최초다'('Мы первые')라는 문구가 적힌 흰색 전단을 머리 위로 동시에 치켜든 플래시몹 장면이었다. 인류 최초의 우주비행에 대한 러시아인의 무한한 자긍심을 짧지만 강렬하게 표현한 문구였다. 하지만 우주(인)과 관련하여 '최초'라는 말은 유리 가가린만의 전유어는 아니다. 1963년 6월 16일 발렌티나 테레시코바(Валентина Терешкова, 1937~)가 '보스토크 6호'를 타고 우주비행에 나서 우주공간에 거의 사흘 동안 머문 뒤 무사히 귀환하여 최초의 여성 우주인으로 역사의 한 장을 당당히 장식했기 때문이다. 게다가 올해 6월 16일은 테레시코바의 우주비행 50주년이 되는 날로, 어쩌면 이날 러시아 사람들은 '우리가 세계 최초다'라는 말을 다시 한 번 자랑스럽게 외치며 가슴 벅찬 감격을 느낄 수 있을 것이다.

한편, 가가린의 우주비행 52주년을 맞이한 2013년은 소비에트와 포스트소비에트 시대를 통틀어 처음으로 '우주 영웅' 가가린의 삶을 본격적으로 조명한 러시아 극영화가 나온다는 점에서 매우 뜻깊은 한 해로 기억될 만하다. 가가린을 직접 다룬 영화가 지난 반세기 동안 러시아에서 단 한 편도 나오지 않았다는 사실은 러시아 국민이 그의 업적을 민족문화 유산의 중요한 일부로 소중히 간직하고 있다는 점을 고려하면 언뜻 이해하기 어려운 모순적 현실로 보인다. 이와 관련하여 문화평론가이자 언론인인 안드레이 아르한겔스키(Андрей Архангельский)는 2007년 한 칼럼에서 러시아 영화계를 향해 쓴소리를 한 적이 있다. 그는 당시까지 46년 세월 동안 가가린만을 다룬 극영화가 한 편도 나오지 않은 데 대해 러시아 영화감독들이 책임을 져야 한다고 주장했다. 이와 함께 그는 포스트소비에트 시대 러시아 영화에서 우주비행 주제가 '희화'되는 경향에 대해서도 꼬집고 나섰다. 인간 가가린은 그러한 경향 탓에 제대로 조명되지 못한 채 신화와 전설의 미궁 속으로 점점 빠져들게 됐다는 것이다.

그렇다면 파벨 파르호멘코(Павел Пархоменко) 감독의 2013년 5월 최신작 『가가린. 최초의 우주인』(Гагарин. Первый в космосе)이 나오기 전까지 포스트소비에트 시대 러시아 영화에서 우주비행은 과연 어떻게 주제화되었을까? 이와 관련하여 지적해야 할 점은 포스트소비에트 시대에 우주비행을 다룬 러시아 영화가 1991년 소련 붕괴 이후 추락했던 러시아 민족과 국가의 대내외 위상이 어느 정도 회복되고 '소비에트 노스탤지어' 바람이 강하게 불었던 2000년대 후반 블라디미르 푸틴 대통령 집권 2기에 나왔다는 사실이다. 대표적인 예로 알렉세이 표도르첸코(Алексей Федорченко)의 『달 위에 선 최초의 사람들』(Первые на луне, 2005), 알렉세이 우치텔(Алексей Учитель)의 『예감으로서의 우주』(Космос как предчувствие, 2005), 유리 카라(Юрий Кара)의 『코롤료프』(Королёв, 2007), 알렉세이 게르만 주니어(Алексей Герман-младший)의 『종이 병정』(Бумажный солдат, 2008)을 들 수 있다. 하지만 이들 영화가 한결같이 소비에트 우주비행 신화를 '미화'하며 2000년대 푸틴 시대 러시아 사회의 '소비에트 노스탤지어' 열풍을 부채질한 것은 아니었다. 이들 중 대부분은 오히려 그 반대 방향에서 소비에트 과거와 우주비행 신화에 접근했다. 다시 말해 소비에트 시대 천재 로켓 개발자이자 우주비행선 설계자였던 세르게이 코롤료프(Сергей Королёв, 1906~66)를 가가린과는 또 다른 맥락에서 '우주 영웅'으로 이상화한 카라의 영화 『코롤료프』를 제외하고, 표도르첸코와 우치텔, 게르만 주니어의 영화는 모두 찬란한 우주비행 신화 이면에 감춰진 소비에트 현실의 불편한 진실을 드러내 보여줬다.

먼저『달 위에 선 최초의 사람들』에서 알렉세이 표도르첸코는 우주인들을 국가 기계의 나사 부품 가운데 하나일 뿐인 것으로 묘사하면서 소비에트 시대 전체주의 권력의 억압적 본질과 성격을 아이러니한 방식으로 폭로한다. 1930년대 스탈린 시대를 배경으로 하는 이 영화에서 주인공 이반 하를라모프는 달 비행을 위한 비밀 프로젝트에 선발되어 훈련을 받는데, 이 모든 과정은 흑백 다큐멘터리 필름으로 제작되어 마치 실제와 같은 현실감을 준다. 오랜 훈련과 시험을 모두 통과한 하를라모프는 드디어 우주선을 타고 하늘로 날아오르지만, 곧이어 지상 관제탑과 우주선 사이에 교신이 끊기고 우주비행 프로그램도 혼란에 빠지면서 실패한 것으로 판정된다. 하지만 지상과의 교신이 끊기면서 폭발한 것으로 생각됐던 하를라모프의 우주선은 사실 폭발하거나 우주 미아가 된 것이 아니라 남미의 칠레 땅에 무사히 착륙한 것으로 나중에 밝혀진다. 이후 하를라모프는 그야말로 '산 넘고 물 건너' 갖은 노력 끝에 태평양을 지나 중국과 몽골리아를 거쳐 소련에 돌아오지만, 체포되어 정신병원에 감금된다.

영화 전반에 걸쳐 하를라모프는 처음부터 끝까지 국가에 충성을 다하는 모습으로 그려진다. 그러나 '내무인민위원회'가 대표하는 소비에트 국가 권력은 온갖 역경을 뚫고 조국으로 돌아온 하를라모프를 '우주 영웅'으로 대우하기는커녕 우주 프로그램 오류의 비밀 유지를 위해 그의 모든 행적을 지우려고 하면서 박해를 가한다. 이런 식으로 영화 속 소련 현실은 겉으로는 모든 국민이 행복하고 모든 것이 질서정연한 이상 국가처럼 제시되고 있지만, 결국 하를라모프의 수난을 중심으로 한 묘사를 통해 철저한 감시와 처벌의 훈육 사회이자 겉과 속이 다른 '포템킨 마을'로 드러난다. 이런 점에서 가장 중요한 영화 속 공간 가운데 하나는 주인공이 마지막에 가서 감금치료를 받는 정신병원의 폐쇄적 공간이다. 여기서 정신병원은 알레고리 차원에서 다양하게 확대하여 해석할 수 있는데, 넓게는 소비에트 전체주의 사회를, 좁게는 스탈린의 강제노동수용소를 상징한다. 이처럼 정신병원이 궁극적으로 죽음의 공간과 의미론적 등가를 이룬다고 한다면, 그 반대 이미지는 소련 외부, 더 나아가 우주 자체가 대표한다. 따라서 영화에서 하를라모프가 자유와 삶의 공간인 바깥 세계로부터 속박과 죽음의 공간인 소비에트 국가로 제 발로 기를 쓰고 되돌아온다는 것은 아이러니가 아닐 수 없다.

표도르첸코의 『달 위에 선 최초의 사람들』과 같은 해에 나온 우치텔의 『예감으로서의 우주』 역시 우주비행 신화를 주요 배경으로 사용하여 소비에트 국가 체제의 허구성과 기만성을 아이러니한 방식으로 폭로한다. 이 영화에서도 역시 우주는 소비에트 사회의 폐쇄성과 부자유에 대한 대비 이미지로 암시된다. 이처럼 두 영화는 우주비행 신화와 소비에트 과거에 대한 낭만적 이상화가 자칫하면 지난 시절의 불편한 진실을 은폐하거나 호도할 수 있다고 경고한다. 이와 관련하여 특히 주목할 만한 또 다른 영화로는 2008년에 나온 알렉세이 게르만 주니어의 『종이 병정』이다. 게르만의 영화 역시 우주비행사들과 인텔리겐치아의 삶에 대한 묘사를 중심으로 소비에트 과거로, 특히 1960년대 해빙기로 되돌아간다. 따라서 『종이 병정』에서 게르만 주니어가 해빙기 영화와 문화의 미학적 실천을 구체화하고 있는 것도 자연스럽기만 하다.

이 영화가 1960년대 소비에트 해빙기 문화와 맺고 있는 밀접한 관계는 무엇보다도 먼저 영화 제목에서 찾을 수 있다. '종이 병정'은 해빙기를 대표하는 음유시인 불라트 오쿠자바(Булат Окуджава)가 자작시에 곡을 붙여 만든 노래 제목이며, 이 노래는 영화 속에서 한 인물이 실제로 부르기도 한다. 이 밖에도『종이 병정』에서 게르만 주니어는 자기 아버지 게르만 시니어와 시대정신을 공유했던 해빙기 예술문화계 인텔리겐치아의 분위기를 다양한 시청각 영화 이미지로 재창조한다. 이는 영화의 모스크바 장면에서 특히 두드러지게 나타나는데, 야외 소풍이나 지적 토론이 이어지는 여러 모임에서 젊은 지식인들은 존재의 의미 등에 관해 진지하게 논의한다.

그러나 21세기 아들 세대가 영화를 통해 되돌아본 20세기 아버지 세대의 황금시대, 즉 해빙기는 희망보다는 절망, 삶보다는 죽음의 분위기에 짓눌려 있는 것으로 나타난다. 이는 의사 역할로 나오는 주인공 포크롭스키가 수도 모스크바와 카자흐스탄 바이코누르 우주기지 사이에서, 또 두 여자 사이에서 왔다 갔다 하다 결국 아무것도 하지 못한 채 심장마비로 허무하게 죽어가는 이야기에 분명하게 암시되어 있다. 더구나 그의 죽음 이후에도, 가가린의 역사적 우주비행 이후에도 소비에트 사회에 실질적 변화라곤 아무것도 일어나지 않았다는 점은 이 사회가 미래 비전 없이 막다른 길에 빠진 암울한 세계임을 시사한다.

이런 점에서 지적해야 할 장면은 바이코누르 인근 시골 마을에 감도는 침체와 죽음의 분위기이다. 이 마을에는 주인공의 연인 노릇을 하는 아가씨가 살고 있다. 게르만 주니어는 바로 이 아가씨의 형상과 주변 세계를 통해 모스크바와는 사뭇 다른 세계를 제시한다. 이곳에서는 유형수들이 살고 있으며 떠돌이 개들이 진창 속을 배회하며 추위가 엄습한다. 이곳의 살풍경한 분위기는 해빙기 모스크바의 지적 분위기와도, 바이코누르 우주기지의 미래 희망과도 정반대되는 의미를 낳는다. 이 세계는 체제가 지향하고 선전하는 유토피아적 이상 너머에 감춰진 실제 현실의 맨얼굴과도 곳이다. 여기에서는 유토피아 미래에 대한 사회주의 리얼리즘 식의 영웅적 위업도 이상적 비전도 모스크바에 온 주인공의 아내 모습만큼이나 낯설고 어울리지 않는다. 하이힐을 신고 우산을 손에 든 채 진흙 길과 물웅덩이 사이사이를 아슬아슬하게 걷는 주인공 아내의 모습은 곧 이상과 현실의 부조화 이미지에 다름 아니다.

또한, 우주 정복과 미래 개척의 전초기지로 간주되는 우주기지 주변 세계는 희망과 생명의 공간이 아니다. 이 점은 게르만 주니어의 데뷔작 『마지막 열차』(Последний поезд, 2004)에 나오는 의사 폴 피스바흐와 마찬가지로 포크롭스키가 의사로서 제 기능을 전혀 수행하고 있지 못하는 데서도 잘 알 수 있다. 이 세계에서 포크롭스키는 의사로서나 지식인으로서도 치유적, 구원적 기능을 담당하기는커녕 오히려 심장병으로 허무하게 죽어갈 뿐이다. 이런 점에서 볼 때 주인공 포크롭스키뿐만 아니라 다른 인물들도 소비에트 유토피아의 이상적 현실을 어쩌면 죽음 이후 에서만 목격할 수 있을 뿐일지 모른다. 이 영화가 소비에트 사회 현실의 비극성에 대한 알레고리로 읽을 수 있는 것도 여기에서 찾을 수 있다.

이상에서 볼 수 있듯이, 포스트소비에트 시대 러시아 영화는 아르한겔스키가 지적한 것처럼 비록 유리 가가린의 삶과 위업에 초점을 맞추지는 않았을지라도, 우주비행을 희화화하지만은 않았다. 아이러니와 코미디, 풍자의 요소들이 적지 않았지만, 위 영화들에서 그러한 요소들은 소비에트 역사에 대한 낭만적, 퇴행적 노스탤지어 대신 반성적, 비판적 노스탤지어를 불러일으키면서 과거의 불편한 진실을 되돌아보고 현재를 직시하며 미래를 전망하는 데서 매우 유용한 기제로 작용했음을 알 수 있다. 이런 점에서 개봉을 앞두고 있는 파벨 파르호멘코의 『가가린. 최초의 우주인』이 러시아 영화의 우주 역사에서 어떤 자리에 서게 될지 사뭇 기대된다.

9장

여자의 적은 여자:

현대 러시아 영화의 여성 이미지

9장

여자의 적은 여자: 현대 러시아 영화의 여성 이미지

여성 영화, 특히 여성 자신이 각본과 감독, 주연을 맡은 영화는 소비에트 시대에는 물론이고 포스트소비에트 현재에도 러시아 영화계에서 뚜렷한 개성을 드러내며 특별한 위치를 차지하고 있다. 이런 점에서 독보적 위상을 자랑하는 러시아 여성 영화감독은 1961년 감독 데뷔 이후 현재까지 50여 년간 왕성한 창작 활동을 보여준 러시아 영화계의 대모 키라 무라토바(Кира Муратова, 1934~)이다. 무라토바는 자신이 찍은 20편의 영화 대다수에서 각본을 손수 쓰고 여성을 주연으로 한결같이 기용했다. 특히 1967년 세 번째로 출품한 영화 『짧은 만남』(Короткие встречи, 1967)에서 무라토바는 자신이 직접 감독과 각본, 주연을 맡고 남자들에게 버림받거나 이용당한 여자들의 쓸쓸한 운명을 보여주었다. 이런 식으로 1960년대에서 1980년대까지 창작 전반기(소비에트 시기)에 무라토바는 러시아 사회에서 여성이 처한 억압적 현실의 착취 구조를 폭로하고 고발했다. 이후 1990

년대부터 현재까지 창작 후반기(포스트소비에트 시기)에 무라토바는 러시아 영화계 최고의 개성파 여배우 레나타 리트비노바(Рената Литвинова)를 주연으로 내세워 적극적, 공격적 여성성을 확립하며 남성 중심의 영화적 관습에 부단하게 도전했다. 이와 함께 무라토바는 여성 주인공이 통제와 조종, 처벌의 권력을 쥐게 함으로써 남성 지배적 권력 담론을 끊임없이 전복했다.

이처럼 1세대 여성감독으로서 무라토바가 최근 『영원회귀』(Вечное возвращение, 2012)를 내놓으며 지금도 여전히 여성 문제에 깊이 천착하며 러시아 여성 영화의 중심부에 굳게 자리 잡고 있다면, 2000년대에는 3세대에 속하는 젊은 여성감독들이 대거 등장하여 포스트소비에트 러시아 영화에 색다른 여성적 면모를 부여하면서 여성 영화의 경험 공간과 인식 지평을 새롭게 확장하고 있다. 예를 들면, 마리나 류바코바(Марина Любакова, 1964), 아브도티야 스미르노바(Авдотья Смирнова, 1969), 옥사나 비치코바(Оксана Бычкова, 1972), 올가 수보티나(Ольга Субботина, 1974), 안나 멜리캰(Анна Меликян, 1976), 발레리야 가이 게르마니카(Валерия Гай Германика, 1984) 등이 대표적인 신세대 여성 영화감독들이다. 2000년대에 감독으로 데뷔한 이들 대부분은 작품성이나 흥행성에서 남녀를 불문한 기성 영화감독들에 전혀 뒤지지 않는 영화를 선보여 평단의 주목을 한몸에 받았다. 이 중에서 멜리캰의 『인어공주』(Русалка, 2007)와 가이 게르마니카의 『모든 사람이 죽어도 나는 살아남는다』(Все умрут, а я останусь, 2008)는 거의 데뷔작이었음에도 러시아를 대표하여 아카데미 외국어영화상 후보작으로 출품되기도 했다. 따라서 이들 신예 여성감독들도 현대 러시아 영화계의 중심부에서 한 자리를 확실히 차지했다고 볼 수 있다. 게다가 이들 여성감독이 오늘날 러시아 현실과 여성의 사회적 삶을 바라보는 관점과 문제의식도 결코 녹록치 않다.

이와 관련하여 특히 주목해야 할 신세대 여성감독은 아브도티야 스미르노바이다. 첫째, 스미르노바는 『벨로루스키 기차역』(Белорусский вокзал, 1970)으로 유명한 영화감독 안드레이 스미르노프(Андрей Смирнов)의 딸로 아버지의 뒤를 이어 러시아 영화계 내에서 전도유망한 영화감독으로 활약하고 있는 특이한 이력의 소유자라는 점에서 다른 많은 신세대 여성감독과 뚜렷이 구별된다. 표도르 본다르추크(Сергей Бондарчук)나 알렉세이 게르만 주니어(Алексей Герман-младший)처럼 소비에트 시대의 저명한 러시아 영화감독의 아들로 태어나 현대 러시아 영화계에서 탄탄한 입지를 다지고 있는 신세대 남성감독들은 적지 않게 찾아볼 수 있다. 그러나 아버지 또는 어머니가 소비에트 시대 영화감독이었던 3세대 여성감독은 스미르노바를 제외하면 거의 없다. 둘째, 스미르노바는 표도르 본다르추크와 게르만 주니어처럼 아버지 세대에게서 (무)의식적 영향을 받아 소비에트 시대의 러시아 영화와 문화 전통을 자신의 창작 속에 계승하면서도 신세대답게 포스트소비에트 시대의 새로운 사회적 현실과 문화적 흐름에 맞춰 참신한 영화 미학과 주제를 선보이고 있다. 그녀가 신진 여성감독으로서는 좀처럼 드물게 러시아 인텔리겐치아 전통과 같은 묵직한 주제를 최근작에서 재기발랄하게 풀어낸 것도 이런 맥락에서였다. 셋째, 스미르노바는 기성세대나 신진세대의 여성감독들과 다르게 여성의 삶을 남녀관계 틀에서만 바라보지 않고 여성 사이의 사회적 관계에서도 조명한다. 더구나 그녀는 남성을 배제한 여성만의 세계가 항상 여성 사이의 일치단결과 자유평등만을 보장하지는 않는다는 것을 보여주기도 한다. 이런 점에서 2012년 출시된 영화 『코코코』(Кококо)는 스미르노바가 왜 동시대의 젊은 여성

감독들 사이에서도 각별한 위치를 차지하는지를 확실하게 보여준다. 이 영화는 두 여성 주인공의 불안한 동거를 전면에 내세우며, 한편으로는 '여자의 적은 여자다'는 가설적 명제를 입증이라도 하듯이 여성 사이의 관계에서 어두운 면을 탐구하고, 다른 한편으로는 위기에 빠진 포스트소비에트 시대 러시아 인텔리겐치아의 현주소를 비판적으로 조명하고 있기 때문이다.

여자만을 위한 나라는 없다

스미르노바의 『코코코』는 미혼의 두 여성 주인공 리자(Лиза)와 비카(Вика)가 열차 안에서 우연히 만나 우여곡절 끝에 리자의 페테르부르크 주택에서 단짝으로 지내며 벌어지는 일련의 사건을 다룬다. 이런 점에서 『코코코』는 표면상 여성 '버디 영화'(Buddy Movie) 장르에 가깝다고 할 수 있다. 그러나 이 영화는 같은 장르에 속하는 발레리 토도롭스키(Валерий Тодоровский)의 『귀머거리들의 나라』(Страна глухих, 1998), 세르게이 보드로프 주니어(Сергей Бодров-младший)의 『자매들』(Сёстры, 2001)과는 다르게 두 여성 주인공의 관계를 반대 방향에서 보여준다. 다시 말해 두 주인공이 처음 만났을 때는 서로 어울리지 못하다가 사건을 경험하면서 점점 화합해 가는 모습을 묘사하는 대신 처음에는 한패처럼 죽이 잘 맞다가 나중에는 반목질시를 겪으며 돌이킬 수 없는 파국으로 치닫는 결과를 보여준다.

실제로 리자와 비카는 우연히 만나 남성의 지배나 방해를 받지 않고 여성만의 우정과 유대 관계로 발전하는 듯하지만, 결국 두 사람의 사회적 위치와 문화적 차이로 말미암아 적대 관계로 우스꽝스럽게 끝나고 만다. 흥미롭게도 이러한 결말은 이미 영화 서두에서 두 여성의 우연한 만남 장소로 제시되는 열차 칸 장면에 넌지시 나타나 있다. 리자와 비카는 페테르부르크행 심야 열차에서 같은 칸을 쓴다. 리자가 먼저 차지하고 있는 칸으로 비카가 들어오는데, 이때 비카는 리자와 인사를 나누고 나서 "남자들 없이 여행하다니 정말 좋아요!"라고 소리친다. '남자들 없는 여행'은 나중에 '남자들이 없거나' '남자들을 배제하는' 두 여자의 동거로 이어진다. 이처럼 영화 서두의 비좁은 열차 칸 안에서 제시되는 리자와 비카의 만남은 두 사람의 성적 동일성 또는 동질감을 확인해주고 이후 묘사되는 두 사람의 여성적 유대관계를 뒷받침해준다. 그러나 여기서 점잖은 옷에 다소곳한 태도로 책을 읽고 있는 페테르부르크 출신 리자와 화려한 옷을 입고 비속어를 거리낌 없이 사용하는 예카테린부르크 출신 비카는 사뭇 대조적인 이미지를 드러낸다. 게다가 이러한 대비적 묘사는 각자의 아비투스(Habitus, 사회적 위치, 교육 환경, 계급 위상에 따라 후천적으로 길러진 성향을 의미하는 피에르 부르디외의 개념)가 근본적으로 다른 데서 연유하는 내면적 이질성을 암시적으로 강조해주면서 앞으로 벌어지는 두 사람의 갈등 관계까지도 예시해준다.

리자와 비카가 우연히 만난 후 리자의 페테르부르크 집에서 일시적이나마 둘만의 새로운 생활을 시작하게 된 것은 비카가 열차 레스토랑에 갔다가 돌아온 뒤 침실 칸 문을 잠그지 않아 도둑을 맞는 사건에서 비롯됐다. 리자가 이 사건을 경찰에 신고하면서 비카는 졸지에 범인으로 몰려 경찰서 유치장에 갇히고 리자는 진술서를 쓰고 경찰서를 나선다. 하지만 곧이어 리자는 비카에게 동정심을 느낀 나머지 경찰서로 발길을 돌려 비카가 사실은 자기 친구라고 말하고 비카를 풀려나게 해주고, 돈과 신분증을 모두 잃어버려 오갈 데 없어진 비카를 자기 집으로 데려간다. 이렇게 시작된 리자와 비카의 페테르부르크 동거생활은 집 안팎에 걸쳐 두 여인의 돈독한 우정과 유대 관계로 발전한다. 집 안에서 이들은 마치 세상에 다른 사람은 아무도 없고 오직 자신들만 있는 것처럼 행동하고 '처녀들의 저녁 식사'를 통해 여성으로서의 정체성을 확인하고 공유한다. 특히 집 안에서 비카는 식사 준비, 설거지, 청소 등 집안 살림을 모두 도맡아 하며 도우미 역할을 수행한다. 한편, 두 사람이 집 밖으로 나가 클럽에도 가고 영화도 보고 거리를 산책하는 등 바깥 세계에 있을 때 비카는 남자들의 위협적 세계로부터 리자를 지켜주며 보호자 역할을 담당한다. 이는 두 사람이 한적한 페테르부르크 밤거리를 다정히 거닐다가 치한을 맞닥뜨렸을 때 리자가 전혀 두려워하지 않고 병을 깨뜨려 치근덕거리는 남자들을 위협해 쫓아내는 에피소드에서 가장 잘 나타난다. 이처럼 리자와 비카의 여성적 유대감은 집안의 사적인 닫힌 공간에서만 아니라 거리의 공적인 열린 공간에서도 계속 이어지면서 점점 더 돈독해지는 것처럼 보인다. 하지만 곧이어 이러한 관계는 일시적일 뿐 아니라, 기만적이기도 한 것으로 드러나기 시작한다.

로코코와 코코코 사이

유감스럽게도 리자와 비카의 동거는 여성적 동일성과 유대감만으로는 절대 오래 유지되지 못한다. 사회적, 문화적으로 형성된 이질성이 중화되거나 극복되지 않는다면, 여성들만의 끈끈한 인간관계도 점차 금이 가기 시작하여 끝내 파탄지경에 빠질 수 있기 때문이다.

이미 지적했듯이, 영화 서두의 열차 칸 장면은 리자와 비카가 사회적, 문화적으로 완전히 다른 환경에서 나왔음을 두 사람의 대조적인 외모와 태도, 언어 등으로 예시하고 있다. 실제로 영화 서사가 진행됨에 따라 리자와 비카는 사회적 신분이 많이 다른 것으로 드러난다. 리자는 러시아 문화 수도 페테르부르크 출신으로 지식인 집안에서 태어나 대학 교육을 받았으며, 1727년 표트르 대제가 세운 유서 깊은 '쿤스트카메라'(Кунсткамера) 박물관에서 민속학자로 일하고 있다. 한마디로 리자는 지식인 계급에 속하며 '의식'(consciousness)을 대표하는 인물이다. 이와 대조적으로 비카는 러시아 지방 도시 예카테린부르크 출신으로 고등교육을 받지 못한 채 나이트클럽에서 매니저로 일한다. 이런 점에서 리자는 민중 계급에 해당하며 '자발성'(spontaneity)을 대변하는 인물이다.

문제는 이러한 근본적 차이성에서 비롯되는 두 사람 사이의 내적 간극이 인위적 계몽이나 학습으로는 전혀 좁혀지거나 해소되지 않는다는 데 있다. 이는 리자가 자신이 일하는 박물관에서 비카에게 일자리를 구해주기 위해 그녀에게 예술사 사조를 속성으로 가르쳐 주려는 데서 잘 드러난다. 다시 말해 고대 그리스·로마문화에서 모더니즘에 이르기까지 주요 예술 사조를 알맹이는 빼고 빈껍데기뿐인 이름만 나열하는 리자의 인위적 예술사 교육은 비카가 '로코코'를 '코코코'로 잘못 발음하며 따라하는 장면에서 희화화된다. 하지만 이 에피소드는 리자와 비카의 내면적 거리감이 '로코코'와 '코코코'의 의미적 차이점만큼이나 매우 크다는 것을 보여준다. 다른 말로 표현하자면, 지식인과 민중의 거리감은 어느 한 쪽에 의한 일방적 접근이나 인위적 계몽으로는 절대로 극복될 수 없다. 지식인 리자의 '의식성'과 '인위성'은 계몽자의 우월적 위치에서 내려오지 않는 한 민중 출신 비카의 '자발성'과 '자연성'을 결코 포용하지 못한다.

이와 관련하여 매우 흥미로운 점은 리자와 비카가 단둘이 있을 때 비카가 멋들어지게 불렀던 러시아 민요이다. 얼핏 보면 리자는 민요를 높이 평가하며 비카의 존재를 있는 그대로 자연스럽게 받아들이고 있는 것처럼 보인다. 그러나 다른 한편으로 이 민요는 민중 출신 비카의 타자성을 더 심화시킬 뿐이다. 게다가 동료 지식인들이 모인 파티 자리에서 리자의 강력한 권유로 비카가 민요를 다시 불렀을 때 다른 사람들이 예의상 아주 멋진 노래라고 말하며 어색하게 칭찬하는 태도는 비카가 지식인 집단에 섞일 수 없는 이물질 같은 존재임을 시사한다. 하지만 리자를 포함한 지식인들은 실제 현실에서 리자보다 우월한 위치에 있는 것도 아니다. 이들은 솔직한 모습으로 다른 집단과 허물없이 소통하지도 못할 뿐만 아니라, 미하일 호도르콥스키 지지 시위 장면에서 알 수 있듯이 사회적 정의나 책임을 다하는 행보를 보일 때도 그저 형식적으로 흉내만 내는 모습으로 그려진다.

또한, 『코코코』에서 지식인 집단은 자기만의 폐쇄적 세계에 갇혀 자기 만족적 삶을 영위하는 사람들로 제시되기도 한다. 특히 리자는 아버지에게서 물려받은 큰 집을 관리는커녕 간단한 청소조차도 하지 않고 폐가처럼 버려두며 자기 자신만 돌보며 살아간다. 더욱이 그녀는 이 집과 직장만을 대부분 오가며 단조롭고 폐쇄적인 생활을 보여준다. 반면 비카는 유령이 사는 것 같은 이 집을 깨끗이 청소하여 사람이 사는 것 같은 생활공간으로 바꿔놓을 뿐만 아니라, 친구들을 초대하는 등 이 집을 다른 사람들에게도 적극적으로 개방하여 활기를 불어넣기도 한다. 이 과정에서 비카는 리자가 집에 없는 동안 찾아온 그녀의 전남편과 성관계를 하다 그만 리자에게 들킨다. 이를 계기로 두 사람의 관계는 결정적으로 벌어지고 만다. 역설적이게도 리자는 이런 비카의 자발적, 돌발적 행동들에 점점 더 숨 막히다 못해 그녀를 베개로 눌러 질식시켜 죽이려고 덤벼든다. 이처럼 리자와 비카는 남자들 없는 기차 여행은 잘했을지 몰라도 여자들만의 인생 여정은 성공적으로 보여주지는 못했다. 사회적 위치와 문화적 성향의 거리감을 끝내 좁히지 못했기 때문이다. 이런 의미에서 스미르노바의 『코코코』는 남녀 사이의 관계에서든 여성 사이의 관계에서든 진정한 인간관계는 상호 존중과 배려, 포용에 기반을 둔 소통의 미덕이 없이는 형성되기 어려운 현실을 보여준다고 할 수 있다. 이런 현실에서는 같은 여성끼리도 얼마든지 서로의 적이 될 수 있다.

10장

신화의 재구성:
21세기의 스탈린그라드

10장

신화의 재구성: 21세기의 스탈린그라드

2013년은 세계 전쟁사에서 최대 규모의 전투 가운데 하나로 기록되는 스탈린그라드 전투에서 소련이 승리한 지 70주년이 되는 해였다. 1942년 7월 17일부터 스탈린그라드(현 볼고그라드)에서 벌어진 독일군과 소련군 사이의 치열한 공방전이 바로 70년 전 1943년 2월 2일 독일군의 항복과 함께 소련군의 승리로 막을 내렸다. 수많은 역사 기록과 평가, 지표에서 알 수 있듯이, 스탈린그라드 전투는 2차 세계대전의 흐름을 바꿔놓은 가장 중요한 전환점으로 간주되고 있으며 약 200만 명의 사상자를 냈을 정도로 인류 역사상 가장 참혹했던 전투로 알려져 있다. 이처럼 엄청난 규모의 전투에서 승리할 수 있었던 것은 무엇보다도 '붉은 군대'와 소련 국민이 보여준 불굴의 용기와 영웅적 희생정신 덕분이었다. 따라서 소비에트 시절에는 물론이고 포스트소비에트 시대에도 러시아에서는 해마다 2월 2일이면 역사적인 스탈린그라드 전투 승리를 기념하는 다채로운 행사가 국가적, 사회적 차원에 걸쳐 성대하게 열린다. 특히 스탈린그라드 전투 승리 70주년을 맞이한 2013년 2월 2일에는 포스트소비에트 시대에 들어와서 가장 화려한 기념행사들이 조직됐는데, 푸틴 대통령이 친히 참석한 가운데 열린 군사 행진과 복원된 '어린이 원무'(Детский хоровод) 동상 제막식을 대표 사례로 꼽을 수 있다. 이와 동시에 2013년에는 2월 2일부터 며칠간 임시로 현재의 볼고그라드 대신 '영웅 도시 스탈린그라드'(Город-герой Сталинград)라는 과거의 이름이 부활하여 공식 사용되기도 했다.

이렇듯 21세기 현재에도 스탈린그라드 전투는 러시아 사람들이 하나로 똘똘 뭉쳐 온갖 역경과 고난을 이겨내고 쟁취한 2차 대전 승리 신화의 가장 중요한 상징 가운데 하나로 기억되고 있다. 이러한 승리 신화의 기억은 군사 행진이나 기념비 헌화 등 다양한 전승 기념행사를 통해 보존·강조되기도 하지만, 소설과 영화 등 예술 서사를 통해서도 문화적으로 새롭게 구성되어 유포되기도 한다. 이와 관련하여 주목할 만한 점은 1945년부터 1990년까지 소비에트 시절 러시아 영화계에서는 스탈린그라드 전투와 관련된 영화들이 적어도 십 년에 한 편 이상씩 꾸준히 제작되었던 반면, 1991년 소련 붕괴 이후 2013년 전까지 포스트소비에트 시대 20여 년 동안에는 단 한 편도 나오지 않았다는 사실이다. 실제로 이 기간 러시아 영화에서는 2차 대전을 다룬 전쟁영화가 무수히 쏟아져 나왔음에도 이상하게도 스탈린그라드 전투를 본격적으로 다룬 영화는 전혀 없었다. 바로 이런 상황에서 스탈린그라드 전투 승리 70주년을 맞이한 2013년 10월 10일 표도르 본다르추크(Фёдор Бондарчук)의 영화 『스탈린그라드』(Сталинград)가 러시아 전역에서 개봉했다는 사실은 특히 의미심장하다. 이 영화는 소련 붕괴 이후 처음으로, 게다가 전투 승리

70주년이라는 역사적 시점에 맞춰 스탈린그라드 신화를 새롭게 재구성했다는 점에서만 아니라, 2000년대 러시아 정부의 애국주의 문화정책에 적극적으로 호응했다는 점에서도 특별한 의미가 있다.

본다르추크의 『스탈린그라드』는 러시아 문화부의 영화진흥 기금을 포함하여 제작비 3천만 달러가 투입된 러시아 최초의 아이맥스(IMAX) 3D 영화로 기록된다. 이 영화는 특히 러시아 국내 개봉으로만 현재까지 5,170만 달러를 벌어들여 2007년 티무르 베크맘베토프(Тимур Бекмамбетов)의 히트작 『운명의 아이러니: 속편』(Ирония судьбы. Продолжение)이 세운 흥행수입 신기록(4,991만 달러)을 갈아치웠다. 또 『스탈린그라드』는 공식 개봉 전에 이미 2014년 3월 2일 열리는 미국 아카데미 최우수 외국어영화상 러시아 후보작으로 결정되기도 했다. 이런 점에서 단연 『스탈린그라드』는 2013년 러시아 영화계 최고의 화제작이라고 해도 손색이 없다. 그러나 『스탈린그라드』의 영화사적 의미는 무엇보다도 소비에트 시절부터 이어져 온 스탈린그라드 신화를 포스트소비에트 시대 러시아 영화 최초로 새롭게 재구성했다는 점에서 찾아야 한다. 실제로 본다르추크의 『스탈린그라드』는 3D 첨단기술 등의 혁신적인 요소들과 종교적 모티프나 이미지를 영화 미학과 주제에 도입하여 스탈린그라드 전투의 영화화에 새로운 지평을 열었다.

『스탈린그라드』의 영화 서사는 하나의 행동 속에 하나나 둘 이상의 다른 행동이 들어 있는 전형적인 액자구조를 띠고 있다. 먼저 영화의 서두와 종결부를 구성하는 '바깥 이야기'는 2011년 3월 11일 일본에서 일어난 지진 피해 현장에 파견된 러시아 비상사태부(МЧС) 구조대원들이 무너진 건물 잔해 속에 파묻힌 독일 관광객들을 구조하는 활동을 보여준다. 다음으로 '바깥 이야기'와 종속관계를 형성하는 '안 이야기'는 매몰자 구조 과정에서 세르게이 아스타호프(Сергей Астахов)로 불리는 69세의 러시아 구조대원이 매몰 관광객 중 한 젊은 여성과 나누는 통신 대화를 통해 전달되는 형식을 취한다. 여기서 아스타호프는 자기 아버지가 다섯 명이었다고 말하면서 대화 상대방과 관객 모두의 호기심을 강하게 자극하며 1942년 스탈린그라드 전투에서 있었던 자기 어머니와 '다섯 아버지'의 이상한 동거 이야기를 들려주기 시작한다. 이런 식으로 영화는 20011년 현재와 약 70년 전의 과거를 자연스럽게 연결하며 스탈린그라드 전투와 승리 신화의 기억을 재소환한다.

『스탈린그라드』의 '안 이야기'에서 주요 사건은 1942년 11월 독일군에 의해 점령된 스탈린그라드 시내의 한 집에서 카타(Катя)로 불리는 아스타호프의 어머니를 중심으로 그로모프(Громов) 대위 등 출신 배경이 각기 다른 소련군 장병 다섯 명이 독일군의 막강한 화력에 맞서 싸우다 장렬히 전사하는 희생의 드라마로 구성된다. 이렇게 영웅적 희생정신을 주제화하고 있다는 점에서 본다르추크의 『스탈린그라드』는 알렉산드르 스톨페르(Александр Столпер)의 1945년 작 『낮과 밤』(Дни и ночи)에서 유리 오제로프(Юрий Озеров)의 1989년 작 『스탈린그라드』(Сталинград)에 이르기까지 소비에트 시절에 있었던 스탈린그라드 신화의 영화화 전통을 충실히 따른다. '안 이야기' 초반부에서 볼가 강을 건너 스탈린그라드로 돌진하다 독일군이 퍼붓는 엄청난 화염에 아랑곳 하지 않고 끝까지 싸우다 산화하는 소련군 병사들의 용맹스러운 모습이 대표적인 예이다. 또 '안 이야기' 종결부에서 그로모프 대위가 독일군 장교 칸(Кан)과 총격전을 벌이다 죽어가는 마지막 순간 무전기를 어렵사리 작동시켜 볼가 강 너머의 아군에게 포격 지원을 요청하여 집 안으로 밀려드는 독일군과 함께 아군의 십자포화 속에 모두 전사하는 장면은 프리드리흐 에르믈레르(Фридрих Эрмлер)의 1945년 작 『대전환』(Великий перелом)에 나오는 한 장면을 연상시킨다. 여기서는 한 병사가 죽어가면서도 끝까지 전화선을 연결하는 영웅적 희생정신이 돋보이는데, 이 모든 행동은 스탈린그라드 전투가 조국수호라는 대의를 위해 개인적 희생을 기꺼이 감수하는 집단적 노력으로 그려진다.

이처럼 본다르추크는 소비에트 시절부터 변함없이 이어져 온 스탈린그라드 신화의 중심 주제를 그대로 유지하면서도 다른 한편으로 과거 영화들에서는 볼 수 없었던 새로운 요소들을 가미하여 승리 신화의 기억을 재구성한다. 이와 관련하여 가장 먼저 특기할 만한 점은 '안 이야기' 초반부에서 어둠을 틈타 볼가 강을 건너는 소련군 병사들 가운데 한 명이 마치 물 위를 걷는 듯한 자신들을 가리켜 '사도'(апостол)라고 말하는 대목이다. 여기서 짐작할 수 있듯이, 본다르추크의 영화는 스탈린그라드 전투를 재현한 과거의 여느 영화들과 달리 처음부터 종교적 이미지나 모티프로 두드러진다. 달리 말하자면, 본다르추크는 스탈린그라드 신화를 종교적 차원에서 새롭게 재구성한다고 할 수 있다. 이는 등장인물들의 대화를 통해 드러나는 어휘적 층위에서도 찾아볼 수 있지만, 무엇보다도 인물관계와 자연요소의 결합이 빚어내는 상징적 의미에서도 잘 드러나고 있다. 특히 자연요소 가운데 물의 이미지는 영화의 '안 이야기' 서두에서부터 볼가 강을 배경으로 의미심장하게 나타나기 시작하는데, 나중에 가서는 카탸와 다섯 장병의 관계에서도 반복적으로 등장한다.

그로모프 대위가 이끄는 이들 장병은 독일군의 폭격으로 폐허로 변한 스탈린그라드 시내에 있는 엔지니어 사조노프(Сазонов)의 아파트에서 혼자 숨어 사는 당시 열아홉 살의 카탸를 우연히 발견한다. 이곳을 사수하라는 상부의 지시를 받고 여기에 진지를 구축하는 과정에서 이들은 처음에 그녀가 혹시 독일군에 부역하며 살고 있지는 않았는지 의심 어린 눈초리를 보내기도 한다. 또 이들 중 상스러운 말을 함부로 내뱉는 저격수 치바노프(Чванов)는 카탸가 지력이 떨어져 우둔하거나 아니면 '성스러운 바보'(блаженная)일지 모른다며 그녀를 놀리곤 한다. 하지만 곧이어 이들은 카탸가 독일군의 폭격으로 가족과 이웃을 모두 잃고 홀로 살아남았지만, 가슴 속에 형언할 수 없는 상실의 고통을 간직하고 있음을 깨닫고 그녀에게 연민과 동정을 느낀다. 이들 중에서 특히 '바깥 이야기'의 화자로 나오는 세르게이 아스타호프의 아버지로 추정되는 세료자(Серёжа)는 카탸와 사랑에 빠지기도 한다. 그러면서 이들은 또 하나의 가족처럼 모두 하나가 되어 카탸를 지켜주게 되는데, 이때 카탸는 단순히 평범한 여자가 아니라 수난당하는 '어머니-조국'(родина-мать)의 상징적 의미로 승화된다. 마지막에 이들이 독일군의 대반격을 맞아 카탸를 안전한 곳으로 미리 대피시키고 나서 모두 전사하는 이유도 바로 여기에 있다.

여기서 주목해야 할 점은 물의 이미지가 이들의 인간관계에서 중요한 매개체로 기능한다는 것이다. 이는 카탸와 다섯 남자가 서로 친근감을 느끼며 점점 가까워지기 시작하는 시점에서 그녀가 남자들을 위해 하는 주된 일이 이들의 수통을 받아다 물을 채워다주는 것이라는 사실에서 잘 드러난다. 다시 말해 카탸와 이들 사이에 형성되는 친근감과 신뢰감, 유대감은 모두 물의 이미지를 매개로 하여 더 끈끈해진다. 실제로 카탸는 언제 독일군의 총탄이 날아올지 모르는 위험한 상황에서도 수통들을 들고 집 밖으로 나가 무너진 건물들 사이의 웅덩이에서 물을 길어오곤 한다. 이처럼 물은 인물들이 서로 가까워지는 데서 중요한 촉매제로 작용하기도 하지만, 동시에 생명의 원천이 아닌 죽음의 원천이 되기도 한다. 웅덩이에서 몰래 물을 긷는 카탸와 달리 주전자를 들고 우물로 물을 받으러 왔던 독일군 병사가 다름 아닌 카탸가 쏜 저격용 총에 맞고 쓰러져 죽기 때문이다. 또 독일군 장교 칸의 손아귀에 붙잡혔다가 나중에 그의 숭배 대상처럼 바뀌는 마샤도 이 우물에서 물을 긷곤 하는데, 후에 그녀도 저격수 치바노프의 총을 맞고 죽는다. 요컨대, 『스탈린그라드』에서 물은 소련군 측에서는 신뢰와 생명의 원천으로서 긍정적 기능을 담당하지만, 독일군 측에서는 오직 죽음의 원천으로서만 부정적 기능을 수행한다.

이처럼 다층적 의미를 띠는 물은 카탸 자신과 관련한 상징적 의미작용에서도 다시 한 번 중요한 기능을 담당한다. 카탸를 짝사랑하고 있던 세료자는 그녀의 생일을 맞아 유명 성악가 출신의 니키포로프(Никифоров)와 함께 몰래 생일선물 준비를 계획하는데, 세료자가 사랑하는 카탸를 위해 마련한 깜짝 선물은 바로 폐허더미에서 발견한 욕조였다. 전장에서 피어난 사랑의 힘 덕분에 카탸는 다섯 남자로 구성된 새로운 가족과 생일을 맞이하고 선물로 받은 아늑한 욕조의 따뜻한 물속에서 실로 오랜만에 목욕을 즐긴다. 하지만 이때 카탸의 목욕은 단순히 물리적 측면에서 몸을 씻는 행위에 그치지 않고 상징적, 정신적 차원에서 정화의 의미로 발전한다. 카탸는 이러한 목욕 행위를 통해 그동안 독일군 점령하에서 겪었던 말 못할 온갖 고통과 오욕의 역사를 깨끗이 씻어낸다고 할 수 있다. 이와 함께 더욱더 중요한 사실은 정화의 의미를 띠는 목욕 행위가 카탸의 생일에 일어난다는 사실이다. 이런 점에서 목욕은 일종의 세례의식으로, 이를 통해 카탸는 열아홉 생일에 정신적으로 새롭게 다시 태어난다고 할 수 있다. 또 욕조를 생일선물로 마련해준 세료자는 카탸의 목욕 이후 아무도 없는 탑으로 올라가 사랑을 고백하는데, 이때 카탸는 영화의 '바깥 이야기'에서 화자로 등장하는 세르게이 아스타호프를 잉태하는 것으로 암시된다. 다시 말해 카탸는 목욕의 세례의식을 통해 정신적으로 거듭나는 한편, 다섯 남자 모두가 죽어가는 가운데서 홀로 살아남아 아스타호프라는 새 생명을 몸속에 품는다.

이상에서 알 수 있듯이, 본다르추크는 소비에트 시절부터 전통으로 굳어진 영웅적 희생의 서사 위에 부활의 종교적 의미를 가미하여 스탈린그라드 전투와 승리 신화를 새롭게 쓰고 있다. 이러한 '신화 새로 쓰기'는 특히 물을 배경으로 한 자연 이미지의 상징적 의미작용을 통해 효과적으로 이뤄지고 있는데, 본다르추크의 영화가 최첨단 3D 기술을 적용한 초대형 스펙터클로만 주목받지 않고 한 편의 잘 짜인 서사로서 긍정적 평가를 받는 이유도 여기에 있다.

11장

성과 속:

러시아 영화의 종교 이미지

11장

성과 속:
러시아 영화의 종교 이미지

소련 붕괴 이후 화려하게 부활한 러시아 정교의 위풍당당한 면모는 1997년 모스크바 도시 창건 850주년에 맞춰 원형대로 복원된 그리스도 구세주 사원(Храм Христа Спасителя)이 가장 잘 대변한다. 크렘린 궁에서 멀지 않은 모스크바 도심 한 곳에 높이 103미터로 재건된 구세주 사원은 포스트소비에트 시대에 새롭게 형성된 모스크바 도시 공간과 상징 풍경에 커다란 변화를 가져왔다. 특히 웅장한 위용과 숭고한 위엄을 자랑하는 구세주 사원의 재건은 글자 그대로 러시아 정교의 부활을 알리는 도상적 이미지나 다름없다고 할 수 있다. 이와 동시에 러시아 민족의 참회와 갱생, 통합을 상징하는 구세주 사원은 소련 해체와 함께 종교의 자유를 되찾은 러시아인의 정신세계와 신앙생활에서도 상징적 중심으로서 독보적 위치를 차지한다. 예를 들면, 러시아 최대의 종교축일인 부활절 미사가 국가 수반이 참석한 가운데 집전되는 곳도, 1918년 7월 17일 새벽 예카테린부르크에서 볼셰비키들에 의해 무참히 살해된 러시아 제국의 마지막 황제 니콜라이 2세 일가 시성식이 거행된 곳도 바로 구세주 사원이다.

이와 관련하여 글렙 판필로프(Глеб Панфилов)의 영화 『로마노프 황가』(Романовы: Венценосная семья, 2000)는 2000년 8월 러시아 정교회가 니콜라이 2세 일가를 공식 시성한 실제 장면을 다큐멘터리 형식에 담아 보여줬는데, 이로써 구세주 사원은 현대 러시아 대중문화에서도 다양한 모습과 의미를 띠고 본격적으로 드러나기 시작했다. 사릭 안드레아샨(Сарик Андреасян)의 최근 영화 『사내연애 - 현대편』(Служебный роман - наше время, 2011)에서도 뚜렷하게 나타나 있듯이, 구세주 사원은 1938년 알렉산드르 메드베드킨(Александр Медведкин)의 영화 『새로운 모스크바』(Новая Москва)에서 스탈린 정권에 의해 파괴되는 모습을 마지막으로 보인 후 포스트소비에트 시대 러시아 영화에서 다시 화려하게 부활했다.

이처럼 구세주 사원의 영화적 이미지에서 알 수 있듯이, 소련 해체 이후 화려하게 부활한 러시아 정교의 새로운 위상과 의미는 특히 2000년대 푸틴 시대에 들어와서 영화 제작 전후 과정을 통해서도 확실하게 나타났다. 예를 들면, 러시아 정교회 총대주교에게 공식 축성을 받은 타티야나 노비코바(Татьяна Новикова)의 다큐멘터리 영화 『세르기 라도네지스키 성자전』(Житие преподобного Сергия Радонежского, 2005)이나 러시아 정교회가 축성은 물론 홍보를 물심양면으로 적극 지원한 파벨 룬긴(Павел Лунгин)의 극영화 『섬』(Остров, 2006)은 러시아 정교회가 영화 제작 과정에 관여하며 러시아 사회에 다양한 종교적 메시지를 전달하는 데서 지대한 역할을 담당한 작품으로 손꼽을 수 있다. 이밖에도 러시아 정교회는 '정교 영화'(православное кино)라는 이름의 인터넷 웹사이트(www.pravfilms.ru)을 운영하며 영화를 통해 종교적 이념의 설파에 적극적으로 나서고 있다.

실제로 푸틴 시대에 나온 종교 관련 영화들 중에는 러시아 정교회와 정부의 직·간접적인 후원 아래 다양한 이념적 목적성을 띠고 제작된 영화가 적지 않다. 이런 점에서 가장 주목할 만한 영화 가운데 하나는 2009년에 나온 블라디미르 호티넨코(Владимир Хотиненко) 감독의 영화 『사제』(Поп)이다. 러시아 정교회와 문화부가 영화 제작 과정에 깊숙이 관여했다는 점에서 이 영화는 교회와 국가의 공동 협력으로 만들어진 최초의 극영화로 간주되고 있다. 2차 세계대전을 배경으로 하는 이 영화의 중심인물은 독일군에 의해 점령된 프스코프 지역 '정교 미션'에 적극 참여하는 한 시골 마을 사제이다. '성자 영웅'으로 묘사되는 주인공 사제를 중심으로 펼쳐지는 영화 속 사건들은 러시아 정교회가 전쟁 당시 독일 점령군에 협력한 배신자 집단이 아니라 점령지 주민에게 정교 신념과 용기를 심어줌으로써 결국 위기를 극복하고 승리한다는 메시지를 전달한다. 바꾸어 말하자면, '정교 미션'에 참여한 사제들은 점령지 주민과 군인들에게 신의 말씀을 전하고 정교 신념을 심어주는 미션으로써 나치 독일군을 몰아내는 데서 중요한 역할을 담당한 애국자들로 제시된다.

따라서 영화에서 러시아 정교회와 사제들은 현실에서 소련 당국에 의해 배신자로 낙인찍혔던 것과는 완전히 다르게 민족의 구원을 위해 헌신하는 성자이자 영웅으로 묘사된다. 또 영화에서 자아와 타자는 아군과 적군의 대립으로 강조되기보다는 정교 신앙을 믿고 따르는 사람과 그렇지 않은 사람으로 구분된다. 이와 관련하여 아주 흥미로운 장면은 영화 전반부에 마을 소녀가 주인공 사제에게 세례를 받는 모습이다. 소녀는 교회 안에서 사제의 축복을 받으며 욕조에 서 있다 물속으로 완전히 잠겼다가 다시 일어선다. 이때 소녀는 순진무구하고 천진난만한 모습으로 활짝 웃으며 정신적 환희를 느낀 듯한 표정을 짓는다. 이와 동시에 교회 밖에서는 독일군 병사들이 더위와 갈증을 식히기 위해 세수도 하고 등목도 한다. 그중에서 웃통을 벗은 거구의 독일군 병사는 물이 가득 찬 물통을 치켜들고 자신의 머리 위로 물을 쏟아 부으며 더위와 갈등을 한꺼번에 날려버렸다는 듯이 육체적 희열의 표정을 짓는다. 이런 식으로 감독은 교회 안에서 러시아 소녀가 세례받는 장면과 교회 밖에서 독일군 병사가 세수하는 장면을 대비시켜 성과 속의 세계를 확실히 구분 지으며 이후 자아와 타자의 대립 구도가 어떻게 형성·전개될지도 암시한다.

하지만 이 영화는 전쟁 당시 프스코프에서 있었던 '정교 미션'을 둘러싼 복잡 미묘한 역사적 사건들을 러시아 정교회의 자의적, 편의적 재해석에 따라 지나치게 단순화하면서 정교회와 사제들을 일방적으로 이상화했다는 비판을 면치 못했다. 주인공 사제가 시종일관 신념이 투철한 영웅적 행보를 보이다 마침내 독일군에 의해 살해되어 순교하는 모습이 단적인 예라 할 수 있다. 이와 함께 『사제』의 서사 공간은 시각적 층위에서는 물론이고 언어적 층위에서도 러시아 정교의 종교적 이미지와 모티프로 가득 차 있다. 이는 사제가 고대 교회슬라브어로 기도문과 예배문을 낭송하고 교회 달력과 종교 우화들이 나오는 장면들에서 특히 두드러지는데, 이런 식으로 영화는 한 편의 완벽한 종교 드라마로 완성된다. 그리고 바로 이러한 과정을 통해 러시아 정교회는 러시아 현대사에서 자신들의 과거를 재해석하며 정통성을 다시금 주장하고 나선다.

한편 앞서 언급한 파벨 룬긴의 영화 『섬』도 호티넨코의 『사제』처럼 러시아 정교회가 러시아 사회와 대중 속으로 적극 파고드는 통로가 되었다. 이 영화는 2차 세계대전 중 자신이 저지른 과오를 속죄하는 '성스러운 바보'(юродивый) 아나톨리 신부의 '변모' 이야기를 다룬다. 이처럼 한 평범한 인간이 과거 잘못에 대해 고뇌하고 '낮은 곳으로 임하며' 진정으로 참회하는 과정에서 전경화되는 정신적 삶과 구원의 주제는 러시아 정교회가 오늘날 정교 신자와 일반 대중에게 전하고자 하는 메시지와 부합한다. 당시 총대주교 알렉시(Алексий) 2세와 키릴(Кирилл) 대주교(현 총대주교) 등 러시아 정교회 고위 성직자들이 이 영화를 보고 나서 공식 축성을 하고 교회 홍보 계기로 삼게 된 것도 바로 이런 배경에서였다. 당시 한 인터뷰에서 알렉시 2세는 이 영화가 신자가 아닌 사람들까지도 신과 종교, 죄와 참회에 대해 생각해보게 했다고 말하기도 했다. 더 나아가 룬긴의 『섬』은 러시아 정교회가 영화와 TV 제작사를 열어 정교 홍보와 미션 수행은 물론이고 종교 교육 프로그램까지 운영하며 대중에게 더 가까이 다가가게 한 중요한 전기를 마련해주었다.

이런 점에서 주목할 만한 룬긴의 또 다른 영화는 2008년에 나온 『차르』이다. 이 영화는 러시아 역사에서 폭군으로 알려진 이반 4세(이반 대제 또는 뇌제로도 불린다)와 그의 어린 시절 친구 필립 대주교를 중심으로 성과 속의 관계를 주로 다룬다. 여기서 짐작할 수 있듯이, 『차르』도 정교 신앙과 의식 등 다양한 종교적 이미지와 메시지로 가득 차 있다. 이 점은 영화 시작을 알리는 크레디트가 올라갈 때 나오는 종교 벽화와 이어 본격 서사가 펼쳐지는 제1부 '차르의 기도' 장면에서부터 어렵지 않게 알 수 있다. 실제로 총 4부로 구성된 영화의 서사구조에서 1~3부는 모두 기도나 예배 의식과 함께 시작된다. 이밖에도 영화에는 러시아 정교의 시각 이미지에서 중요한 일부를 형성하는 성상화가 자주 등장한다. 이와 관련하여 주목할 만한 대목은 영화의 서사구조 안에서 일정한 상징적 의미를 띠고 나타나는 금발의 어린 소녀와 그녀가 지니고 다니는 '블라디미르의 성모'(Богоматерь Владимирская) 성상화이다. 주지하듯이, '블라디미르의 성모'는 1395년 모스크바 대공 바실리 1세가 블라디미르에서 모스크바로 옮겨와 그 앞에서 밤새 울며 기도를 드리자 몽골-타타르 군대가 싸움 한 번 하지 않고 곧바로 퇴각해 버렸다는 이야기로 유명해졌고, 그 뒤로 러시아를 보호해주는 성상화로 간주되었다. 이 영화에서도 소녀는 '블라디미르의 성모' 성상화의 도움으로 러시아 군대를 구해주는 것으로 묘사된다. 하지만 이후 소녀는 이반 대제가 배신자로 낙인찍어 곰의 먹잇감으로 내모는 죄수들을 구해주기 위해 성상화를 들고 뛰어들었다가 그들과 함께 희생된다. 이러한 소녀의 이야기는 러시아가 이반 대제의 형상 속에 체현된 세속 권력의 변덕과 횡포에서 제멋대로 휘둘리고 있기 때문에 러시아 정교의 가호가 필요하다는 점을 우의적으로 보여준다. 소녀가 이반 대제의 친위대에 쫓기다가 필립 대주교의 보호를 청하는 이야기도 이런 맥락에서 이해할 수 있다.

이미 안드레이 타르콥스키의 1971년 작 영화 『안드레이 루블료프』(Андрей Рублев)에 잘 나타나 있듯이, 또 여러모로 타르콥스키의 영화 미학 전통을 잇고 있는 파벨 룬긴의 『차르』에서 중요한 의미를 띠고 있듯이, 성상화는 러시아 영화의 종교적 이미지와 메시지를 구성하는 데서 두드러지는 시각 이미지 가운데 하나이다. 이와 관련하여 흥미로운 영화는 앞서 언급한 영화들과 마찬가지로 종교적 모티프들로 미만해 있는 안드레이 크라프추크(Андрей Кравчук) 감독의 『제독』(Адмиралъ, 2008)이다. 이 영화에서는 성상화가 두 차례 나오는데, 첫 번째는 황제 니콜라이 2세가 러시아 흑해함대 최고 사령관으로 승진한 주인공 콜차크(Колчак) 제독에게 수난받는 사도 야곱의 성상화를 건네줄 때이다. 두 번째는 제독의 탁자에 서 있는 '카잔의 성모'(Казанская икона Божией Матери) 성상화이다. 특히 이 성상화는 남편 세르게이 티미료프(Сергей Тимирёв)와 이혼 후 사실상 콜차크 제독의 아내가 된 안나 티미료바(Анна Тимирёва)의 초상화 이미지와 함께 제시된다. 영화 속에서 두 이미지는 성과 속의 세계를 각각 표상하지만, 의미론적 충돌을 일으키지 않고 오히려 수호자로서의 상징적 의미를 띠면서 성과 속의 조화로운 세계상을 암시한다.

러시아 영화의 종교적 이미지를 대표하는 성상화는 슬라바 로스의 2011년 영화『시베리아. 나의 사랑』에서도 중요한 의미론적 공간을 차지한다. 이 영화는 시베리아 오지 숲 속 오두막에서 어린 손자와 함께 사는 어느 노인에 관한 이야기다. 외부 세계와 완전히 단절된 듯이 살아가는 노인과 손자를 방문하는 사람은 가끔 찾아와 손자에게 먹을 것을 주고 가는 바깥 세계의 아저씨뿐이다. 그런데 어느 날 이곳에 낯선 남자 둘이 갑자기 찾아와서는 노인과 어린 손자에게 빵과 술, 사탕, 통조림 등 먹을거리를 한 아름 내놓으며 이것저것을 캐묻고 이곳저곳을 살핀다. 나중에 이들은 러시아 시골 마을들을 돌아다니며 오래된 희귀 성상화들을 몰래 훔쳐 내다 팔아 돈을 버는 사람들로 밝혀지는데, 여기서도 두 남자는 노인의 오두막집 한쪽 구석에 모셔진 오래된 성상화를 훔쳐갈 생각이었다. 결국, 이들은 노인이 잠시 자리를 뜬 사이에 성상화를 훔치지만, 어린 손자의 눈을 피할 수는 없었다. 이들이 성상화를 훔쳐 갔다는 손자의 말을 듣고 노인은 성상화를 돌려달라고 요구한다. 하지만 그는 이들이 휘두른 쇠파이프에 맞고 쓰러지면서 끝내 성상화를 빼앗기고 만다. 그런데 이후 손자는 성상화가 모셔진 자리에 자신이 도화지에 그린 성상화 그림을 올려놓고 진짜 성상화나 다름없이 늘 하던 대로 기도를 한다.

비록 이 영화는 앞서 다룬 영화들처럼 종교적 모티프나 이미지가 그렇게 강렬하지도 다채롭지도 않지만, 성상화 에피소드에 나타나 있는 종교적 메시지만큼은 분명하다. 진실한 믿음을 갖고 소박한 삶에 만족하며 사는 노인과 손자에게는 도둑들이 훔쳐간 진짜 성상화나 손자가 그린 성상화 그림이나 똑같은 의미를 띤다. 반면 물욕에 눈이 먼 도둑들에게 성상화는 오직 돈과 맞바꿀 수 있는 물건으로서만 가치가 있다. 이 영화는 폭력과 탐욕, 부패와 퇴폐로 얼룩진 바깥 세계와 소박하면서도 금욕적이기까지 한 노인과 어린 손자의 오두막 생활을 대비적으로 보여주는데, 두 세계의 상징적 경계선이 지점이 바로 성상화를 둘러싼 에피소드다. 도둑들이 대접하는 바깥 세계의 온갖 음식을 거의 입에 대지 않고 외면하는 노인의 모습이나 나중에 그가 도둑들의 쇠파이프에 맞아 쓰러지자 도둑들에게 받은 사탕을 버리고 할아버지에게 달려가는 소년의 모습은 바깥 세계의 물질적 삶에 대한 거부를 암시한다. 또 영화 마지막 부분에 가서 노인이 들개들에게 물어뜯겨 죽기 직전 구조되고 소년이 오두막 근처의 깊은 구덩이 빠져 고립되어 죽음의 문턱까지 갔다가 구조되는 모습은 어쩌면 이들의 진실한 신심에 대한 보상으로 볼 수도 있다.

이상에서 살펴보았듯이, 현대 러시아 영화의 종교적 이미지는 러시아 정교회의 영향력 증대와 함께 점점 더 확산되고 있다. 이와 함께 오늘날 러시아 영화는 종교적 이미지를 통해 애국주의 등 교회와 국가의 이념적 메시지를 전달하며 러시아 민족정체성 확립 과정에서도 지대한 역할을 담당하기도 한다. 그렇다고 종교 관련 영화가 모두 교회나 정부의 주문에 따라 맞춤형으로 제작되는 것은 물론 아니다. 슬라바 로스의 『시베리아. 나의 사랑』에서 알 수 있는 것처럼, 한 가지 잊지 말아야 할 사실은 물질만능주의와 인간 소외가 날로 심해지고 있는 세속 세계에서 바람직한 가치가 무엇인지를 보여주는 영화들에서도 러시아 정교의 종교적 이미지가 차지하는 부분이 적지 않다는 점이다.

12장

주변(인)의 초상:

『지리 선생, 지구본을 팔아 술을 마시다』

12장

주변(인)의 초상: 『지리 선생, 지구본을 팔아 술을 마시다』

2013년 러시아 영화계 판도는 약 한 달을 사이에 두고 개봉한 두 편의 영화로 양분되었다. 2013년 10월 10일 개봉한 표도르 본다르추크 감독의 영화 『스탈린그라드』와 이보다 약 한 달 뒤 11월 7일 개봉한 알렉산드르 벨레딘스키(Александр Белединский) 감독의 영화 『지리 선생, 지구본을 팔아 술을 마시다』(Географ глобус пропил, 이하 '지리 선생')가 바로 그것. 『스탈린그라드』는 소비에트 시대 스탈린그라드 전투의 영웅들을 중심으로 희생과 부활의 대하 서사시를 창조한 초대형 블록버스터 영화로 러시아 영화사상 최고의 흥행수입을 기록했다. 한편 『지리 선생』은 포스트 소비에트 시대의 반영웅적 지식인을 중심으로 '잉여인간'의 희비극을 보여준 영화로 지난 4월 1일 모스크바 국립아카데미오페레타극장에서 열린 제27회 '니카'(Ника) 영화상 시상식에서 작품상과 감독상, 남우주연상, 여우주연상, 음악상을 휩쓰는 기염을 토했다. 이와 대조적으로 제작비 3천만 달러가 투입된 러시아 최초의 아이맥스(IMAX) 3D 영화 『스탈린그라드』는 러시아의 '오스카'로 불리는 '니카' 영화상에서 미술상과 의상상, 음향상을 받는 데 그치며 예상보다 저조한 수상 성적을 거뒀다. 이처럼 『스탈린그라드』는 러시아의 애국주의 정서에 힘입어 상업적 흥행에서 대성공을 거뒀지만, 작품성에 대한 평가에서만큼은 『지리 선생』에 정상의 자리를 내줄 수밖에 없었다.

실제로 벨레딘스키의 『지리 선생』은 모든 사회적, 인간적 관계를 돈과 연관 지어 생각하는 배금주의 풍조가 만연한 오늘날 러시아에서 주변으로 밀려날 수밖에 없었던 한 지식인의 비루한 삶을 전면에 내세운 재기발랄한 이야기로 평단의 호평을 한몸에 받았다. 여기에다 주연을 맡은 콘스탄틴 하벤스키(Константин Хабенский)를 비롯한 남녀 배우들이 선보인 명품 연기와 알렉세이 이바노프(Алексей Иванов)의 동명 인기소설을 원작으로 한 시나리오도 영화의 예술적 완성도를 높이는 데 크게 이바지했다. 달리 말하자면 『지리 선생』은 초대형 블록버스터 『스탈린그라드』처럼 애국적 내용과 영웅적 인물을 요구하는 시대적 흐름에 영합하거나 부합하지 않고도 얼마든지 공감을 자아내는 훌륭한 영화를 만들어 낼 수 있음을 여실히 보여주었다. 이와 동시에 1990년대 우랄의 지방도시 페름(Пермь)이 영화 서사의 주요 공간으로 설정된 점도 『지리 선생』을 둘러싼 문화적 풍경에 이색적 매력을 더해주었다. 요컨대 『지리 선생』은 작중 인물과 공간 배경에서 모두 '주변성'으로 특징지어지지만, 역설적이게도 바로 이러한 '주변적' 요소들을 영화 서사의 중심부에 내세움으로써 평단과 관객의 호평을 이끌어낼 수 있었다. 21세기판 '작은 인간'(Маленький человек)이 요즘 러시아 영화계에서 주류를 형성하고 있는 지난 시절의 문화적 영웅의 틈바구니에서 '신선한 충격'을 불러일으킨 셈이다.

영화 『지리 선생』에서 주인공 빅토르 슬루시킨(Виктор Служкин)은 30대 중반으로 대학에서 생물학을 전공한 지식인이지만, 변변한 직업 없이 술과 담배로 허송세월한다. 아내 나댜(Надя)는 돈이 최고의 가치로 숭배되는 오늘날 러시아 사회에서 돈벌이를 전혀 하지 못하는 무능한 남편 빅토르에 대한 불만 속에 부부관계도 거부하고 심지어는 그의 돈 많은 친구 붓킨(Будкин)과 딴살림을 차리려고까지 한다. 이처럼 돈을 벌어다 주지 못한다는 단 한 가지 이유만으로 빅토르는 가정과 사회 공간의 중심에서 밀려나 주변을 배회한다. 그러던 어느 날 빅토르는 실직 상태에서 벗어나 돈을 벌기 위해 지방도시 페름의 한 고등학교를 찾아 교사직에 지원한다. 하지만 생물학 전공자인 그에게 어울리는 교사 자리는 없고 지리 교사 자리만 비어 있어 전공과는 무관하고 관련 지식도 없는 지리 과목을 가르치게 된다. 이런 이유로 빅토르가 수업에서 학생들에게 하는 것이라곤 지리 교과서를 기계적으로 읽어주는 일밖에 없다. 따라서 빅토르가 장난과 말썽만 일삼는 짓궂은 학생들에게 제대로 된 선생 대접을 받을 리도 만무하다. 더욱이 그는 주변인에게 특징적인 요소라고 할 수 있는 술과 담배를 한시도 입에서 때는 법이 없다. 이런 그를 두고 학생들은 "지리 선생이 지구본을 팔아 술을 마셨다"고 놀리는데, 영화의 제목도 바로 이렇게 해서 나왔다.

『지리 선생』의 주요 행위와 사건은 빅토르 슬루시킨의 가정과 학교에서 일어난다. 그러나 사적 공간인 가정에서와 마찬가지로 공적 공간인 학교에서도 그는 중심적 위치를 전혀 차지하지 못한다. 선생으로서 빅토르의 입지와 상황은 소련 시대에 나온 '학교 영화'(Школьный фильм) 장르의 전통과 비교할 때 더욱더 분명해진다. 과거 '학교 영화'들에서 선생은 '신이자 차르' 같은 존재로 교실 안의 절대 권위자로 등장하곤 했다. 다시 말해 선생은 학생들에게 지식을 심어주고 그들의 심신을 단련시키는 계몽자이자 훈육자였고, 학생들은 이런 선생에게 복종하며 신뢰감과 존경심을 표시하는 것으로 흔히 묘사되었다. 반면 『지리 선생』에서 학생들은 지리학에 관한 전문 지식이 없는 데다 술과 담배에 찌들어 사는 빅토르 슬루시킨에게 존경은커녕 기본적 예의조차 표시하지 않는다. 이들이 새로운 온 지리 선생에게 보여주는 것은 오로지 조롱과 야유, 짓궂은 장난뿐이다.

하지만 빅토르는 이런 학생들 사이에서 선생으로서의 권위와 위엄을 세우려고 애써 노력하는 모습을 보이지 않는다. 따라서 선생과 학생들 사이에서 심각한 갈등 관계도 벌어지지 않는다. 오히려 빅토르는 학생들과 같은 수준으로 장난과 어릿광대짓을 서슴지 않는다. 그는 선생으로서 권위를 세우며 위계질서를 확립하기보다는 반대로 웃고 떠들고 장난치는 학생 중 한 명처럼 행동한다. 빅토르의 이런 모습을 둘러싼 상황에서 한편으로는 그의 유아적 특성이 관찰되기도 하지만, 다른 한편으로 여기서 우리는 누가 누구에게 무엇을 가르칠 수 있는지 모호해졌을 정도로 소련 붕괴 이후 무너진 러시아 교육 체제에 대한 신랄한 비판도 엿볼 수 있다. 달리 표현하면, 소비에트 시대 정치, 경제, 사회 영역에서 권위 있는 대타자 역할을 하던 규범들이 잇따라 붕괴하고 몰락한 이후 포스트소비에트 시대에 남아 있는 것이라곤 오로지 작은 주체들뿐이다.

하지만 이후 영화 서사 후반부에서 펼쳐지는 슬루시킨과 일부 학생의 우랄 탐험여행은 이들이 자기 자신과 세계에 대해 책임질 수 있는 새로운 주체로 거듭나는 가능성을 보여준다. 그런데 이 탐험여행에서 슬루시킨은 두려움 없는 지휘관이 되어 학생들의 사랑과 존경을 한몸에 받는 진정한 영웅으로 부상하기는커녕 반대로 술에

취해 종착역을 놓치는 등 어이없는 실수로 지휘관 자리를 박탈당한다. 따라서 그는 여기서도 여전히 탐험대의 중심에 서지 않고 주변으로 물러나 관망하는 위치에 선다. 이처럼 빅토르 슬루시킨은 학생들과의 관계에서도 시종일관 중심부를 차지하지 못하고 주변부에 머문다. 그러나 슬루시킨의 이런 주변적 특성 덕분에 학생들은 말썽꾸러기에서 스스로에 대해 책임질 수 있는 주체의 형성 과정에 비로소 진입한다. 그리고 이러한 과정은 슬루시킨이 학생들과 내기 카드게임을 하다 진 결과로 떠나게 되는 우랄 탐험여행을 통해 제시되는데, 영화 서사 전반부가 페름에 있는 슬루시킨의 가정과 학교라는 일상적 공간을 배경으로 하고 있다면, 후반부는 바로 이 탐험여행으로 이루어진 자연의 모험적 공간을 배경으로 한다.

이들의 우랄 탐험여행에서 가장 중요한 사건은 목숨을 잃을 수도 있는 위험천만한 계곡의 '급류'를 통과하는 래프팅 장면에서 펼쳐진다. 이와 관련하여 특별히 주목해야 할 점은 '급류'를 뜻하는 러시아어 단어 'порог'가 동시에 '문턱'을 뜻하기도 한다는 사실이다. 미하일 바흐틴(Михаил Бахтин)의 '크로노토프'(Хронотоп) 개념을 빌려 설명하면, 이 탐험여행은 '문턱의 크로노토프'(Хронотоп порога) 위에 축조돼 있다. '문턱의 크로노토프'는 기본적으로 삶의 위기와 분기점에 대한 은유적 상징으로 삶을 변화시키는 중대한 결정의 순간 등과 연결된다. 특히 '문턱의 크로노토프'는 본질상 순간적이기 때문에 전기적, 일상적 시간의 흐름에서 비켜나 있다. 이러한 '문턱의 크로노토프'에서 인물들은 일상의 편안한 시간에서 벗어나 일상에서와는 전혀 다른 모험의 불안한 시간을 체험한다. 게다가 모험적 시간에는 예측 가능한 반복이나 규칙이 없고 언제나 불안과 위기로 가득 차 있어 항상 위험이 도사리고 있다. 그러나 모험의 시간을 겪은 후에는 정신적으로 성장하거나 존재론적으로 변화를 이룰 수 있다.

우랄 탐험여행에서 학생들이 통과하는 시간도 바로 '문턱의 크로노토프'에서 생성되는 모험의 시간이다. 학생들은 여행이라는 공간 이동을 통해 익숙한 일상세계에서 벗어나고, 따라서 일상세계의 규칙과 규범, 지시와 감시에서도 비켜난다. 이들은 특히 인솔교사인 슬루시킨의 지도와 감독조차도 배제하며 일상세계의 구속으로부터 완전히 해방된다. 그리고 이들은 일상의 굴레에서 벗어나 자유를 얻은 대가로 예측 불가능하고 불규칙한 급류의 소용돌이에 운명을 맡기고 자신들이 취한 과감한 결정에 책임을 지는 존재의 주체로 행동한다. 계곡의 낭떠러지 끝에 서서 급류를 내려다보는 슬루시킨의 시선으로 제시되는 학생들의 래프팅은 한순간의 방심만으로도 목숨을 잃을 수 있을 것처럼 아슬아슬하게 진행되는데, 이들은 작은 고무보트에 몸을 싣고 한 치 앞을 내다볼 수 없는 운명의 소용돌이를 통과한다. 이때 학생들은 영화 전반부의 학교 장면들에서 장난과 말썽을 일삼던 철없는 어린 학생들이 더는 아니다. 이들은 자신들이 스스로 선택한 자유로운 행동에 대해 책임을 다함으로써 이전과는 다른 차원의 존재로 거듭난다. 한 마디로 이들은 모험의 시간을 거치면서 정신적 성장과 존재론적 변화를 동시에 이뤘다고 할 수 있다. 이와 동시에 학생들은 스스로 한 결정과 행동으로 목표를 달성했다는 기쁨과 행복의 감정으로 벅차오른다.

여기서 주목해야 할 점은 학생들의 급류 통과와 위기 돌파 과정에서 보이는 슬루시킨의 위치와 태도이다. 슬루시킨은 학생들이 자신을 배제하고 그들끼리만 급류 통과를 결행한 사실을 뒤늦게 알고 그들을 찾아 나서지만, 이미 급류를 타고 내려가고 있는 학생들의 모습을 가파른 계곡 비탈 위에서 속수무책으로 안타깝게 지켜만 볼 수밖에 없다. 슬루시킨은 위에서 아래를 내려다보고 있지만, 그는 급류 통과하는 핵심 사건의 중심에서 능동적으로 참여하지 못하고 주변으로 철저히 배제된 피동적 주체로 머물고 있다. 따라서 선생과 학생의 상하 구도가 윤리적 의미 지평 위에서는 거꾸로 뒤집혀 있음을 알 수 있다. 과감한 결정과 그에 대한 책임을 결연한 행동으로 보여주고 있는 학생들이 우유부단과 책임회피를 보이는 듯한 슬루시킨보다 윤리적으로 더 우위에 있기 때문이다. 슬루시킨의 소극성과 회피성은 의미심장하게도 급류 통과 직전 장면에서 슬루시킨이 그를 사랑한다며 적극적으로 다가오는 여학생 마샤(Маша)를 끝내 외면하면서도 그녀에게 아무것도 해주지 못하는 모습에서 암시된다. 게다가 급류 통과 장면을 보여주는 카메라 구도는 험난한 물살을 통과하는 학생들보다 그 위에서 바라보고 있는 슬루시킨이 더 위험해 보인다는 인상을 불러일으킨다. 이처럼 슬루시킨은 어떤 사건이나 상황에서도 믿음직스러운 모습을 보여주는 법이 절대 없다. 따라서 우리는 여기서 선생과 학생의 의미론적 역할 전도가 일어났다고 말할 수 있다.

그러나 학생들이 자신과 세계에 대해 책임을 지는 새로운 주체로 성장하고 변화할 수 있었던 데는 이 시대의 패배자이자 이 사회의 '주변인'으로 '지구본을 팔아 술을 마셔버린' 지리 선생 슬루시킨의 역할이 아주 컸다. 교실 안에서 학생처럼 장난치고 어릿광대짓을 서슴없이 하는 슬루시킨의 학교 교육과 훈육 방식은 일반적인 시각에서 볼 때 분명히 현실에서 한참 동떨어진 것으로 학교 당국과 학생들 자신에게서도 거부감을 불러일으킨다. 하지만 시간이 흐르면서 슬루시킨과 학생들의 관계는 이전과는 사뭇 다른 양상으로 발전한다. 학생들은 슬루시킨이라는 '선생 같지 않은 선생'을 만나면서 지금까지와는 전혀 다른 낯선 세계에 빠져든다. 이 세계에서 그들은 슬루시킨이 어쩌면 자신도 모르게 조성하고 부여한 자유를 호흡한다. 그렇다고 이들이 마냥 자유의 열매만을 따 먹는 것은 아니다. 학생들은 자유에 대한 책임도 함께 배우게 되는데, 이는 앞서 설명했듯이 학교 교실이 아니라 교실 밖 자연 속 급류에서 통과제의를 거치며 스스로 책임지는 법을 터득하고, 이 과정에서 행복의 의미도 함께 새롭게 되새기게 된다. 이런 점에서 영화 시작 부분의 전차 안에서 한 남자가 발레리 키펠로프(Валерий Кипелов)의 1997년 히트곡 "나는 자유롭다"(Я свободен)를 부르는 장면이 나오고 이후 야외 매장에서 맥주를 사 마시는 슬루시킨의 모습 뒤로 카마(Кама) 강변의 설치예술 "행복은 멀리에 있지 않다"(Счастье не за горами)가 나오는 것은 결코 우연이 아니다.

이처럼 벨레딘스키의 영화 『지리 선생』은 이 시대와 사회의 '주변(인)'을 다루고 있지만, 러시아 현실의 암담함만을 강조하지는 않는다. 이 영화는 얼핏 보면 암울하게만 보일 수 있는 현실을 고발하고 비판하는 듯하지만, 슬루시킨과 학생들의 관계에서 알 수 있는 것처럼 이 현실 속에도 자유와 책임, 행복의 윤리를 스스로 깨달아가는 작지만 건강한 주체들이 존재하고 있음을 보여준다.

13장

영웅은 어떻게 단련되었는가:

『전설의 17번』

13장

영웅은 어떻게 단련되었는가: 『전설의 17번』

레닌이 영화는 '모든 예술 중에서 가장 중요한 예술'이라고 말한 데서 알 수 있듯이, 푸틴 시대 러시아에서 애국주의 내용의 문화정책을 선전하고 수행하고 데서 영화만큼 중요하고 효과적인 예술 매체도 없을 것이다. 푸틴 대통령도 2011년 2월 러시아 영화 발전 정부 위원회 회의에 참석하여 "영화는 본질상 오락 그 이상이다. 영화는 교육, 소통, 인성 배양의 중요한 자원으로 젊은 층에서 인기가 많다는 점을 고려하여 최대한 활용할 필요가 있다"고 강조하며 젊은 층을 위한 애국주의 교육 수단으로서 영화 매체의 역할과 기능에 주목한 바 있다. 이런 점에서 중요한 사실은 이미 2000년에 러시아 문화부가 2001년에서 2005년까지 영화진흥 5개년계획을 마련하여 러시아 영화예술의 방향성을 제시했다는 점이다. 이 계획에 따르면 러시아 영화는 예술성은 물론이고, 사회적으로 중요한 내용도 담고 있어야 한다. 그리고 러시아 영화 예술의 사회적 정향은 포괄적으로 말하자면 현대 러시아 사회의 정신적 삶을 윤택하게 하는 것이어야 했고, 이를 보장하는 영화야말로 정부로부터 영화제작 지원비를 우선하여 받을 수 있었다. 이러한 체계는 2004년부터 러시아 문화부 산하의 러시아연방 문화·영화청을 통해 현재까지 효과적으로 운영되고 있다.

따라서 러시아 영화계가 정부 지원금을 받아 영화를 제작할 수 있으려면, 기본적으로 장르를 불문하고 정부의 애국주의 문화정책 방향에 부합하는 내용을 담고 있어야 했다. 예를 들면, 건전한 청(소)년 문화나 가족관계를 묘사하는 영화가 이에 해당한다. 또 러시아 사회의 정신적 삶을 윤택하게 하는 영화 등도 올바른 사회적 정향을 보여주는 것으로 정부로부터 제작비를 보조받을 수 있었다. 한편, 2013년 5월 '통합러시아당'(Единая Россия) 최고위원 겸 정치경제 커뮤니케이션스 대표 드미트리 오를로프는 '푸틴의 1년: 신단일중심주의'(Год Путина: новый моноцентризм)라는 제목의 보고서를 내고 푸틴의 신노선 특징을 체계화하며 이를 '노선 3.0'(Курс 3.0)으로 규정하고 '노동, 조국, 가족'을 이 노선의 3대 핵심 가치로 제시했다. 여기서 주목할 점은 이 3대 핵심 가치가 러시아 정부의 문화정책 방향에서만 아니라 러시아 문화부의 재정 지원을 받는 영화에서도 우선순위로 고려해야 하는 주제 요소가 되었다는 사실이다.

이런 점에서 볼 때 오늘날 러시아 영화계가 정부 지원을 받으려면 바로 '노동, 조국, 가족'의 가치들을 강조할 수밖에 없었다. 예를 들면, 푸틴 집권 전반기에는 조국 수호를 전면에 내세운 전쟁영화들이 정부의 제작비 지원을 독차지했다. 다시 말해 2001년에서 2005년 사이에 대조국전쟁(2차 세계대전)을 다룬 11편의 영화 가운데 절반이 훨씬 넘는 7편의 영화가 정부 지원금을 받았다. 또 이런 전쟁 영화

가운데 일부는 정부가 사전에 계획하고 의뢰한 것이 아니라 러시아 영화계가 스스로 알아서 긍정적 내용의 전쟁 주제를 묘사한 작품이었다. 게다가 2000년에서 2013년 현재까지 지난 15년간 푸틴 시대 러시아 문화정책의 핵심을 이루고 있는 애국주의 이념의 선전과 유포에서는 피아의 구분을 명확히 하며 국민의 일치단결을 보여주는 전쟁 영화만큼 더 적절한 장르도 찾기 어려웠다. 특히 2001년부터 2010년까지 푸틴 시대 러시아 정부가 "러시아연방 시민의 애국주의 교육" 프로그램을 1, 2차에 걸쳐 마련하여 바람직한 도덕적 가치 체계를 제시한 가운데서 전쟁영화의 내용은 러시아 국민에게, 그중에서도 특히 젊은 세대에게 더없이 좋은 교육 자료가 될 수 있었다. 이보다 더 중요한 사실은 전쟁영화가 러시아 애국주의 문화정책의 중요한 선전수단 가운데 하나로서 실제로 적지 않은 효력을 발휘했고 또 발휘할 것이라는 점이다. 이는 2013년 10월 10일 출시된 표도르 본다르추크 감독의 영화 『스탈린그라드』가 러시아 영화 흥행 신기록을 갈아치우며 소비에트 시대에 태어나 자란 기성세대뿐만 아니라 포스트소비에트 시대에 성장한 젊은 세대까지 모두 애국적 민족주의 감정 속에 똘똘 뭉치게 하는 결속 효과를 발휘한 데서 가장 잘 알 수 있다.

하지만 푸틴 시대 러시아 영화의 애국주의 문화정책 선전에서는 전쟁 영화와 승리 신화만이 중요한 역할을 담당하고 있는 것은 아니다. 푸틴의 집권 3기에 해당하는 2012년 전후로 조국 사랑의 애국주의 이념을 고취하고 선전하는 러시아 영화계에 '전기영화'(Biopic) 장르가 새로운 트랜드로 자리 잡기 시작했기 때문이다. 다시 말해 소비에트 과거 문화를 대표하는 전설적인 인물들의 삶을 부분적으로 새롭게 재구성한 영화들이 러시아 정부의 적극적인 지원 아래 잇따라 제작되어 계몽과 애국의 이념 선전에 동원됐다. 표트르 부슬로프(Петр Буслов)의 『비소츠키. 살아있어, 고마워요』(Высоцкий. Спасибо, что живой, 2011)는 소련 시절 음유시인 겸 가수, 배우로서 선풍적 인기를 구가했던 블라디미르 비소츠키(Владимир Высоцкий)의 마지막 1년을 영화로 만들었고, 니콜라이 레베데프(Николай Лебедев)의 『전설의 17번』(Легенда No. 17, 2012)은 소련 시절 최고의 아이스하키 선수로 소련 스포츠 문화의 대표 아이콘으로 러시아 사람들의 기억 속에 아로새겨진 발레리 하를라모프(Валерий Харламов)가 세계 최고의 아이스하키 선수로 성장하는 과정을 극적으로 재구성했다. 또 파벨 파르호멘코(Павел Пархоменко)의 『가가린. 최초의 우주인』(Гагарин, Первый в космосе, 2013)은 인류 최초의 우주인으로 러시아 민족과 국가의 자긍심을 세계만방에 떨친 유리 가가린(Юрий Гагарин)의 우주비행 52주년을 기념하여 소비에트와 포스트소비에트 시대를 통틀어 최초로 가가린을 직접 다룬 극영화였다. 끝으로, 글렙 오를로프(Глеб Орлов)의 『포두브니』(Поддубный, 2014)는 제정 러시아 말기에서 소비에트 시대 전반까지 세계 레슬링 무대를 호령했던 이반 포두브니(Иван Поддубный)의 비범한 삶을 영화의 시각 이미지 속에 새롭게 담았다. 이 밖에도 소련 국가대표 축구팀의 전설적인 골키퍼로 세계적으로 유명했던 레프 야신(Лев Яшин)의 삶을 그리는 전기영화 프로젝트도 현재 가동 중이다. 분명한 사실은 푸틴 정부의 애국주의 문화정책과 전기영화들이 강조하는 가족과 조국의 가치들이 문화적 영웅들의 부활을 통해 현대 러시아의 사회적 의식 속을 알게 모르게 퍼지고 있다는 점이다.

이러한 전기영화들에서 특징적 현상 한 가지는 소련 축구의 전설적인 골키퍼 레프 야신에 관해 현재 제작 중인 영화까지 포함하여 전기영화들이 주로 소련 시대의 스포츠 영웅들을 주인공으로 내세우고 있다는 사실이다. 더욱더 흥미로운 사실은 애국적인 내용의 스포츠 전기영화들이 2013년 7월 카잔 하계 유니버시아드와 2014년 2월 소치 동계올림픽, 2018년 6월 월드컵 등 러시아의 스포츠 메가 이벤트 개최와 맞물려 제작되고 있다는 점이다. 이는 세계적인 스포츠 이벤트 개최를 통해 국가 이미지를 제고하는 동시에 애국애족 정신을 고취하려는 러시아 정부의 문화정책에 영화 매체가 조직적으로 동원되고 있음을 암시한다. 특히 일치단결과 집단정신이 강조되는 스포츠 경기와 선수들의 삶을 영화화하는 작업은 가족과 조국의 가치를 최우선으로 내세우는 푸틴 정부의 문화정책을 가장 잘 대변한다고 볼 수 있다. 이런 점에서 주목해야 할 영화가 바로 니콜라이 레베데프의 『전설의 17번』이다. 소치 동계올림픽 개최를 앞두고 소련 시절 최고의 아이스하키 선수였던 발레리 하를라모프의 험난한 성장 과정을 전경화한 이 전기영화도 본다르추크의 전쟁영화 『스탈린그라드』만큼이나 집단주의 정신을 강조하며 가족과 조국의 가치를 가장 중요한 덕목으로 내세우고 있기 때문이다.

실제로 『전설의 17번』은 주인공 발레리 하를라모프의 개인적 재능에 초점을 맞추기보다는 그의 탁월한 능력이 집단에 완벽하게 융화될 때 비로소 최고로 발휘될 수 있고 소속 팀도 완벽하게 승리할 수 있다는 점을 시종일관 강조하며 보여준다. 스파르타크식 훈련과 훈육 방법으로 악명 높은 타라소프 감독은 하를라모프 선수의 비범한 재능을 처음부터 알아보고도 그를 특별히 대우하기는커녕 오히려 모른 체하며 가혹하게 다룬다. 이 점은 타라소프 감독이 하를라모프를 소련 아이스하키 대표팀으로 선발하여 일본으로 보내준다고 해놓고 반대로 우랄 지역 첼랴빈스크의 공업도시 체르바쿨

(Чербакуль)에 있는 '즈베즈다'(Звезда) 팀으로 보내버린 데서 가장 잘 나타난다. 하지만 타라소프 감독이 하를라모프를 혹독하게 다루는 진짜 이유는 하를라모프가 잘난 체해서도 아니고 그의 인성이 비뚤어져서도 아니라, '될 성싶은 떡잎'을 강철로 담금질하기 위한 것으로 드러난다. 이런 점에서 소련 아이스하키 선수 발레리 하를라모프의 성장기를 그리고 있는 『전설의 17번』은 포스트소비에트판 '강철은 어떻게 단련되었는가'에 관한 영화 이야기라고 할 수 있다.

한편, 하를라모프는 강철로 단련되는 과정에서 몇 번의 통과제의를 거치는데, 통과제의에서 가장 중요하게 강조되는 덕목은 개인주의가 아니라 집단주의다. 하를라모프의 첫 번째 통과제의는 체르바쿨의 '즈베즈다' 팀과 모스크바의 '스파르타크' 팀이 벌이는 경기에서 제시된다. 이때 그는 타라소프 감독이 지켜보는 앞에서 탁월한 개인 역량을 발휘하며 패색이 짙던 경기를 승리로 이끌어 지역 팬들을 열광의 도가니로 밀어 넣는다. 하지만 타라소프 감독은 이런 그를 인정하며 격려와 축하의 말을 건네기는커녕 이기적으로 개인플레이를 했다며 그에게 비난을 퍼붓는다. 하를라모프와 타라소프의 끝없는 갈등에도 불구하고 타라소프는 하를라모프의 재능에 어쩔 수 없이 그를 모스크바로 다시 불러들이지만, 팀에서 가장 중요하게 고려해야 할 점이 바로 '시스템'이라는 사실을 잊어서는 안 된다고 하를라모프에게 신신당부한다. 이런 식으로 하를라모프는 첫 번째 통과제의를 통해 운동 경기에서는 개인기량보다는 집단정신이 우선한다는 것을 깨닫고 팀이 가족처럼 화목하고 화합해야 한다는 것도 배우게 된다.

하를라모프가 겪는 두 번째 통과제의는 1972년 삿포로 동계올림픽에 출전한 소련 아이스하키 대표팀에서 일어난다. 이때 하를라모프를 비롯한 소련 대표팀 선수들은 예선전 시합 패배에 대해 서로 책임을 물으며 내분에 빠진다. 선수들은 '스파르타크'(Спартак)와 'ЦСКА'(육군중앙체육클럽), '디나모'(Динамо) 등 출신 클럽별로 나뉘어 서로 비난하며 설전을 벌인다. 하지만 타라소프 감독은 적전 분열에 빠진 선수들을 빙상 경기장에 모두 집합시키고 그들이 무엇을 잘못하고 있는지 깨달을 때까지 혹독한 '얼차려' 훈련을 시킨다. 이 과정에서 자신들이 무슨 잘못을 저질렀는지 가장 먼저 깨닫는 선수가 바로 하를라모프다. 그는 타라소프 감독에게 다가가 자신들이 '스파르타크'나 'ЦСКА' 특정 팀 선수들이 아니라 바로 '소련 대표팀' 선수들이라고 말한다. 이로써 하를라모프를 비롯한 선수들은 '분열'이 아닌 '단결'이 필요하고 그러기 위해서는 '개인'이 아닌 '집단'이 중요하다는 사실을 다시 한 번 깨닫게 된다. 그 결과 소련 아이스하키 대표팀은 삿포로 동계올림픽에서 금메달을 목에 거는 쾌거를 달성한다.

하를라모프의 '강철은 어떻게 단련되었는가'에 관한 영화 이야기에서 세 번째이자 마지막 통과제의는 1972년 캐나나 몬트리올에서 열린 소련 대표팀과 캐나다 대표팀의 아이스하키 슈퍼대회 경기에서 벌어진다. 이 경기에서 하를라모프 등 소련 선수들은 사나운 짐승처럼 거칠고 반신사적인 행동을 서슴지 않는 캐나다 선수들에 맞서 7:3으로 극전인 역전승을 거두며 자신들을 얕잡아본 캐나다는 물론이고 전 세계 팬들까지도 놀라게 한다. 영화의 대미를 장식하는 이 경기 장면에서 더 중요한 점은 캐나다를 중심으로 서방 세계에 대한 소련의 도덕적 우위를 묘사하는 데 있지 않고 하를라모프가 그동안 깨달은 가치와 단련한 기술이 최고로 집약되어 나타난다는 사실에 있다. 달리 말하자면, 여기서 하를라모프는 물론이고 동료 선수들, 더 나아가 TV 생중계를 통해 경기를 지켜보는 소련 국민까지도 집단정신으로 일치단결하면 적수가 제아무리 강력하더라도 반드시 이길 수밖에 없다는 것을 다시금 확인하게 된다.

이처럼 레베데프 감독의 『전설의 17번』은 스포츠 영웅의 내외적 성장 과정을 통해 오늘날 러시아에 필요한 가치와 덕목이 무엇인지를 쉽고도 분명하게 전달하고 있다. 영화 속에서 타라소프 감독이 하를라모프 등 선수들에게 '조국을 수호하듯' '수비하라'고 역설한 것처럼, 현대 러시아 전기영화는 전쟁영화와 마찬가지로 무엇보다도 조국의 가치에 대한 옹호와 선전에 다름 아님을 알 수 있다. 아마추어 아이스하키 선수이자 열성 팬이기도 한 푸틴 대통령이 『전설의 17번』 시사회에 친히 참석해 영화 제작진을 격려한 것도 어쩌면 바로 이런 이유에서였는지 모른다.

14장

신화의 재창조:

『가가린. 최초의 우주인』

14장

신화의 재창조: 『가가린. 최초의 우주인』

2013년 6월 개봉한 파벨 파르호멘코(Павел Пархоменко)의 『가가린. 최초의 우주인』(Гагарин, Первый в космосе)은 무엇보다도 먼저 과거 문화 영웅들을 전면에 내세우고 있는 최근의 전기영화(Biopic) 제작 열풍에서 특별한 위치를 차지한다. 게다가 영웅을 찬미하는 전기영화는 러시아가 강력하고 존중받는 나라가 되는 데 조력했던 위대한 개인들의 삶을 국민 교육에 적극적으로 활용하는 푸틴 시대 러시아의 애국주의 문화정책에서도 중요한 역할을 수행하고 있다. 특히 이 영화는 2011년 러시아 문화부 산하 영화진흥기금의 제작비 지원 심의에서 '사회적으로 의미 있는' 영화 제작 프로젝트 가운데 하나로 선정되어 이후 제작 과정에서 정부로부터 상당한 제작비 지원금을 받았다. 게다가 700만 달러의 제작비가 투입된 이 영화는 가가린의 우주비행과 관련하여 그동안 일반에 공개되지 않았던 소련 시절 비밀 문서고의 실증 자료를 최대한 활용할 수 있었다.

이처럼 『가가린. 최초의 우주인』에 대한 러시아 정부의 지대한 관심과 전폭적 지원은 무엇보다도 세계 최초로 우주인을 배출한 러시아의 위대성을 강조하며 러시아 국민을 하나로 똘똘 뭉치게 하는 동원 전략에서 나왔다. 그와 동시에 이 영화는 최근 들어 러시아 정부가 유인 우주비행에 더 각별한 주의를 기울이고 우주비행산업에도 엄청난 예산을 쏟아 부으며 우주 강국으로서 다시 한 번 도약을 계획하고 있는 시점에서 적절한 홍보 수단이 됐다고 말할 수 있다. 이러한 영화 제작 과정을 둘러싼 사회·문화적 맥락에 십분 부응하듯 『가가린, 최초의 우주인』은 2013년 4월 12일 '인류 우주비행의 날'에 맞춰 열린 모스크바 '유엔 비엔나국제센터' 시사회를 통해 첫선을 보였고, 개봉 초반 일반 관객 사이에서도 호평을 받기도 했다. 실제로 허구보다는 사실에 토대를 두고 있는 영화 속 주요 이야기는 러시아인이라면 남녀노소 누구나 자랑할 만한 내용으로 구성돼 있다.

『가가린. 최초의 우주인』에서 주요 행위와 사건은 1961년 4월 12일 유리 가가린이 우주비행선 '보스토크 1호'를 타고 카자흐스탄 바이코누르 우주기지를 출발하여 108분 동안 지구 궤도를 돌고 나서 무사히 카자흐스탄 초원에 안착한 이야기를 중심으로 펼쳐진다. 이런 점에서만 놓고 볼 때 영화는 한 인물의 일대기를 조명하는 전기영화의 장르적 전통에서 벗어나 있다고 볼 수도 있다. 하지만 가가린의 우주비행 전후 이틀 사이, 다시 말해 영화 서사의 현재로 설정된 시간에는 가가린의 과거 회상을 통해 어린 시절부터 성년 시절까지 다양한 일화가 제시되면서 그가 우주 비행사가 되기까지 어떤 성장 과정을 거쳤는지 비교적 자세하게 소개된다.

이와 관련하여 매우 주목할 만한 점은 영화 속에서 가가린의 유년 시절이 가가린 자신의 회상을 통해 소개될 때 무엇보다도 미래의 영웅이 성장하는 과정에서 부모가 담당한 훈육적 역할과 가족의 가치가 특별히 강조되고 있다는 사실이다. 주지하듯이, 가가린은 2차 세계대전 중 독일군 점령지였던 스몰렌스크 주의 그자츠크(Гжатск)에서 태어나고 자랐다. 따라서 그의 유년 시절 성장 이야기에서도 이 부분에 대한 내용이 빠질 수 없었는데, 여기서 흥미로운 점은 독일군 점령 시절 아버지 알렉세이 가가린이 큰아들 유리 가가린을 대하는 태도였다. 가가린은 굶주림에 시달리던 동생과 함께 독일군의 달걀을 훔치다 들켜 하마터면 독일군의 손에 동생을 죽일 뻔했는데, 이런 가가린를 두고 그의 아버지는 심하게 때리거나 호되게 나무라기보다는 독일군의 위험성에 대해 다시 한 번 상기하면서 아들을 마음속으로 깊이 품어준다. 여기서 지적해야 할 사실은 아들의 잘못에 대해 비난하기보다는 용서와 관용을 베푸는 아버지의 태도가 이후 영화 속에서 성장한 가가린이 친구와 동료 등 주변 사람들과의 관계에서 보이는 포용의 자세로 일관되게 나타나고 있다는 점이다.

실제로 가가린은 영화 서사 처음부터 끝까지 어떤 상황에서도 가족과 친구, 동료 등 주변 사람들과의 관계에서 심리적 갈등이나 반목, 물리적 충돌을 빚지 않는 것으로 제시된다. 이는 가가린이 목수인 아버지에게 자신의 장래 희망 사항에 대해 밝히면서 큰 도시로 가서 공부하고 싶다는 바람을 설명할 때 이에 대해 서로 다른 의견을 말하는 부자가 각자 주장을 밀어붙이기보다는 상호 존중하며 상대의 입장에 귀를 기울이는 태도에서도 잘 나타난다. 이때 아버지는 도시로 나가겠다는 아들의 계획에 대해 기본적으로 달가워하지 않는 입장이지만, 아들의 이야기를 끝까지 들어주고 결국은 용인하는 태도를 보여준다. 여기서 짐작할 수 있듯이, 아버지는 어떤 상황, 어떤 사건에도 자기의 입장과 주장을 먼저 앞세우거나 목소리를 높이지 않고 상대의 말을 묵묵히 들어주고 존중하려고 하며 주변에서 벌어지고 있는 상황에 대해서도 일희일비하지 않고 항상 평정심과 겸손함을 유지한다. 동네 사람들이 가가린이 세계 최초로 우주비행을 완수하고 돌아왔다는 라디오 뉴스를 그의 아버지에게 전해 줬을 때도 아버지는 환호성을 지르는 이웃 주민들 사이에서 한 걸음 물러나 조용히 감격의 눈물만 흘릴 뿐이다. 또 이에 앞서 아버지는 강에서 이웃들과 낚시를 하던 중에 유리 가가린 소령이 우주비행에 성공했다는 말을 들을 때도 자기 아들은 대위이기 때문에 우주비행에 성공한 사람은 자기 아들이 아닐 것이라며 호들갑을 떨지 않는다.

홍미롭게도 아버지의 이런 성품과 태도는 아들에게 고스란히 전해져 나타난다. 실제로 가가린은 20명의 정예 비행사 가운데서 우주비행에 나서는 1순위 후보로 선정됐다는 우주선 설계사 세르게이 코롤료프(Сергей Королёв)의 말을 듣고도 전혀 흥분하지 않고 평정심을 유지하며 맡은 바 임무를 확실하게 완수하겠다고 다짐한다. 이처럼 감정 조절에 탁월한 가가린의 침착하고 절제 있는 태도는 바이코누르 우주기지를 출발하여 지상에 다시 안착할 때까지 우주비행 전 과정에서도 엿보인다. 특히 이 과정에서 지상과의 교신 중단이 몇 번 있었을 때 지상 통제실에서는 긴장감과 불안감에 휩싸이지만, 정작 가가린은 우주선 속에 홀로 남아 있음에도 어떤 위험이 닥칠지도 모르는 가운데서도 침착하다 못해 태연하게 상황에 대처하며 임무를 차근차근 수행한다.

이러한 특징적 묘사는 가가린이 임무를 성공적으로 완수하고 나서 다시 지구 대기권에 진입한 이후 카자흐스탄 초원에 마침내 안착했을 때 제시되는 영화 후반부 장면들에서도 변함없이 계속 나타난다. 바꾸어 말하자면, 가가린이 우주비행사로서 느낄 수 있는 엄청난 중압감과 공포심, 흥분감은 108분간의 지구궤도 비행 전후 과정에서 전혀 드러나지 않는다. 여기서 짐작할 수 있듯이, 영화는 가가린이 한 인간으로서나 우주비행사로서나 외적으로는 물론이고 내적으로도 매우 강인한 성품과 기질을 갖고 있음을 강조하면서 영웅으로서 가가린의 완벽한 자질과 덕목도 바로 여기에 있음을 암시한다.

이런 점에서 특기할 만한 점은 가가린의 이런 영웅적 이미지가 그의 친구이자 동료 비행사인 게르만 티토프(Герман Титов)에 대한 대조적 묘사를 통해 더욱 돋보이고 있다는 사실이다. 유리와 게르만은 영화 초반부에서 침실을 함께 사용할 정도로 절친한 동료로 제시된다. 하지만 두 사람 사이에는 이때부터 모종의 긴장감이 흐르고 있는 듯이 암시되는데, 이는 게르만이 유리에게 느끼는 야릇한 경쟁심과 시기심에서 비롯되고 있음이 곧이어 밝혀진다. 유리 가가린이 우주비행을 수행할 후보 1순위에 올라 있는 반면, 게르만 티토프는 2순위에 올라 있기 때문이다. 바로 이런 이유에서 티토프는 영화 초반부부터 가가린과의 관계에서 뭔가 불만이 있다는 태도를 보인다.

실제로 가가린은 자신의 이름 유리와 티토프의 이름 게르만을 합쳐 유명한 소련 작가의 이름과 성에 견주어 '유리 게르만'(Юрий Герман)이라고 부르며 두 사람이 혼연일체나 다름없음을 농담 삼아 말하기도 하는데, 이런 농담에 대해 티토프는 "재미없다"며 시큰둥한 반응을 보인다. 이 밖에도 티토프는 자신이 가가린에 밀려난 사실에 대해 불만을 품고 동료 비행사들 사이에서 분위기를 해치는 언행을 자주 보인다. 이와 대조적으로 가가린은 이런 티토프의 언행과 자신에 대한 못마땅한 태도를 잘 알면서도 겉으로 절대 내색하지 않을 뿐 아니라 그에 대해 언제나 진심으로 이해하고 포용하려고 노력한다.

게다가 나중에 코롤료프가 가가린을 우주비행에 나설 비행사로 최종 낙점할 때 고려한 선발 기준에서 드러나고 있듯이, 가가린과 달리 티토프는 결정적으로 정직하지 못하다는 사실이 밝혀진다. 티토프는 '보스토크 1호'를 타고 우주비행에 나설 목적으로 자신의 가족 상황을 사실대로 보고하지 않고 고의로 숨긴 것으로 조사 결과 판명되면서 정직성에 심각한 상처를 입는다. 우주비행 도중 사고로 말미암아 목숨을 잃을지도 모르기 때문에 우주비행사 최종 선발에서는 혼인 여부와 자녀 유무 등 모든 신변 사항이 고려되는데, 티토프는 자신이 우주비행에 나서고 싶은 나머지 아내가 임신했다는 사실을 조사에서 고의로 빠뜨렸다.

더욱 흥미롭게도 티토프의 인적사항에는 티토프의 아버지가 알렉산드르 푸시킨(Александр Пушкин)의 유명한 단편소설 『스페이드의 여왕』(Пиковая дама)에 나오는 주인공의 이름을 따서 아들의 이름을 지어 주었다는 사실이 나온다. 잘 알려졌듯이, 푸시킨 소설의 주인공 게르만은 자신의 야심을 실현하기 위해 주변 사람을 속여 이용할 뿐만 아니라 여러 사람을 파멸시키는 매우 부정직하고 위험한 인물이다. 이런 탄생 일화가 뒷받침해주듯이, 게르만 티토프는 유리 가가린과는 달리 가정 내에서부터 인간으로서 추구해야 할 중요한 덕목과 가치를 잘못 교육받고 자랐음을 유추해볼 수 있다.

이처럼 영화는 가가린이 과거와 현재의 삶에서 정신적으로 건강할 뿐만 아니라 도덕적으로도 결함이 없는 거의 완벽에 가까운 인간으로 제시한다. 이런 점에서 가가린은 소비에트 문학과 예술에서 지배적이었던 '긍정적 주인공'에 가까우며 오늘날 러시아 문화부가 애국주의 문화정책을 앞세우며 강조하며 장려하는 '사회적으로 의미 있는' 영화의 주인공으로도 손색이 없다고 할 수 있다. 더욱이 가가린은 조국에 대한 헌신과 사랑에서도 스탈린 시대 소비에트 사회주의 리얼리즘 영화의 주인공들처럼 대의를 위해 존재하는 모습으로 그려진다. 이 점은 가가린이 우주 궤도에 무사히 진입했을 때 '조국은 듣고 있다/ 조국은 알고 있다/ 조국의 아들이 구름 속 어디에서 비행하고 있는지'라는 예브게니 돌마토프(Евгений Долматов) 작사, 드미트리 쇼스타코비치(Дмитрий Шостакович) 작곡의 유명한 노래를 부르는 데서 명료하게 나타나 있다. 이와 함께 가가린의 성공적 우주비행은 세르게이 코롤료프 등 유명한 우주공학자 등 소련 우주기술의 우수성 덕분에 가능했던 것으로, 러시아인의 위대성이 다시 한 번 부각된다. 특히 영화 속에서 코롤료프가 상당한 비중을 차지하며 등장하는 것도 바로 이런 이유 때문이다. 이 모든 면에서 『가가린. 최초의 우주인』은 강성대국의 부활을 꿈꾸는 오늘날 러시아의 열망에 충분히 부합하고도 남는 한 편의 완벽한 영웅 이야기로 평가할 수 있다.

15장

『리바이어던』:
친밀과 낯섦의 이중주

15장

『리바이어던』: 친밀과 낯섦의 이중주

러시아 작가주의 영화를 대표하는 안드레이 즈뱌긴체프(Андрей Звягинцев) 감독의 영화 『리바이어던』(Левиафан)은 2014년 5월 23~24일 열린 칸 영화제에서 각본상을 받으며 전 세계의 주목을 받았다. 이후 영화는 7월 5일 뮌헨 영화제 그랑프리와 10월 19일 런던 영화제 최우수영화상, 올해 1월 12일 미국 '골든 글로브' 최우수외국영화상을 잇따라 수상했다. 1월 15일에는 2월 22일 발표되는 미국 아카데미 최우수외국어영화상 최종 후보작 5편에 이름을 올렸고 1월 18일에는 런던비평가협회 최우수외국영화상을 거머쥐었다. 이처럼 『리바이어던』은 외국 평단과 언론의 호평 세례를 받으며 승승장구했고 러시아에서도 2월 5일 공식 개봉 훨씬 전부터 깊은 관심을 불러일으켰다. 특히 『리바이어던』이 러시아 국내에서 개봉되지 않은 가운데 이 영화에 일찌감치 쏟아진 사회적 관심은 2014년 7월 1일 TV 프로그램과 영화, 문학작품, 콘서트, 극장 공연 등 문화 활동 분야에서 비속어 사용을 금지하는 법이 발효되면서 이를 둘러싼 표현의 자유 침해 논란 속에 더욱더 커지기 시작했다.『리바이어던』에 욕설이 난무하는 대사가 지나치게 많이 나오기 때문이다. 이런 이유로 영화는 러시아 국내 개봉이 금지될 처지에 놓이기도 했지만, 우여곡절 끝에 해당 부분이 삭제되거나 무성 처리된 채 개봉됐다. 하지만 원작의 현실감과 생동감은 일정 부분 훼손될 수밖에 없었다.

이와 함께 작중인물들이 영화 전편에 걸쳐 너나없이 보드카를 물 마시듯 마시는 장면들도 러시아 사회의 보수층과 정부 관계자들로부터 쏟아지는 비난의 화살을 면키 어려웠다. 이런 내용의 영화는 러시아 사회의 부정적 이미지를 고착화하는 데 일조한다는 것이다. 특히 블라디미르 메딘스키 러시아 문화부 장관은『리바이어던』을 보고 "영화가 훌륭하기는 하지만, 마음에 들지는 않는다"고 논평했다. 영화에서 욕설과 폭음 장면들이 지나치게 많다는 것이 그 이유였다. 또 최근에 그는『리바이어던』에서 '긍정적 주인공'을 전혀 찾아볼 수 없다고 지적하기도 했다. 이에 대해 즈뱌긴체프는 타스 통신과의 인터뷰에서 주인공이 긍정적이냐 부정적이냐를 따지는 것은 소비에트 시대의 지배적 예술 창작 방법이자 지침이었던 '사회주의 리얼리즘'에서나 볼 수 있는 시대착오적인 반응이라고 일축했다. 이런 식으로『리바이어던』에 대한 열띤 관심과 논쟁은 러시아 사회 각계각층에서 연일 계속되고 있다. 또『리바이어던』은 구약성서의 '욥기'와 토머스 홉스의 저서『리바이어던』, 미국의 '킬 도저' 사건을 바탕으로 개인과 (국가)권력의 투쟁 구도 속에 오늘날 러시아 현실을 작가주의 영화 미학으로 담아낸 걸작으로 흔히 평가되고 있다. 하지만 영화 전편에 걸쳐 서늘하고 신비로운 분위기를 자아내며 인간관계의 심연을 보여주는 '친밀'과 '낯섦'의 이중주 같은 흥미로운 주제 구조는 영화를 둘러싼 정치·사회적 논쟁에 가려 아직 본격적으로 논의되지 못하고 있다.

『리바이어던』은 무르만스크 주 바렌츠 해의 연안 마을에 사는 평범한 시민 니콜라이(Николай)에게 닥친 끝없는 불운에 관한 이야기다. 니콜라이는 조상 대대로 내려오는 해안가 전망 좋은 집에서 새로 얻은 부인 릴리야(Лилия)와 함께 산다. 그에게는 전처 사이에서 낳은 아들 로마(Рома)가 있지만, 로마와 릴리야의 관계는 처음부터 갈등 관계로 제시된다. 반면 자기 집에서 자동차 정비소를 운영하고 있는 콜랴(Коля, 니콜라이의 애칭)와 마을 근처 생선 가공 공장에 다니는 릴리야는 적어도 위기가 닥치기 전까지는 원만해 보이는 부부 관계를 유지한다. 하지만 어느 날 시장 바딤(Вадим)이 콜랴의 집에 눈독을 들이고 이곳을 개발 지역으로 지정하면서 이들 가족에게 커다란 불행의 먹구름이 드리운다. 이를 타개하기 위해 콜랴는 모스크바에서 변호사로 활동하고 있는 군대 친구 디마(Дима)에게 도움을 청하며 그를 자기 마을로 부른다. 영화의 서사도 콜랴가 모스크바에서 도착하는 디마를 기차역에서 마중하는 장면과 함께 시작한다.

『리바이어던』의 주인공 콜랴의 모습그러나 디마의 도래는 시장 바딤이 무소불위로 휘두르는 권력에 의해 집을 빼앗길 처지에 있는 콜랴에게 구원의 손길이 되기는커녕 오히려 그의 집은 물론이고 가족까지 파괴하는 비극의 씨앗을 잉태한다. 그는 친구 콜랴를 위해 부패 관료 바딤을 직접 만나 그의 추악한 과거가 빼곡히 기록된 서류철을 내밀며 콜랴의 집에 대해 거액의 보상금을 요구한다. 시장은 서류철에 담긴 기록이 누설되면 자신의 운명도 종말을 고하리라고 보고 협상의 여지가 있음을 암시하며 디마에게 생각해볼 시간을 달라고 말한다. 이때만 해도 디마의 계획은 성공할 것처럼 보인다. 하지만 이어지는 사건들은 엉뚱한 방향으로 펼쳐진다. 디마는 자신이 묵고 있는 호텔 레스토랑에서 콜랴의 아내 릴리야를 만난다. 곧이어 릴리야가 먼저 호텔 방으로 올라간 디마에게 찾아가면서 두 사람은 불륜 관계에 빠진다. 이런 식으로 영화 서사는 시민 콜랴와 시장 바딤의 명확한 투쟁 구도에서 디마와 릴리야의 불륜 관계를 중심으로 불안한 긴장 구도로 전환된다.

곧이어 영화의 서사는 마을에서 멀리 벗어난 사격놀이 소풍에서 디마와 릴리야가 다시 한 번 몰래 불륜을 저지르다 그만 모두에게 들키면서 일종의 통속극으로 발전한다. 이후 릴리야는 디마를 따라 호텔로 가서 그와 함께 지내다 다시 콜랴에게 돌아가고 디마도 시장 바딤에게 살해 위협을 받은 끝에 모스크바행 기차를 타고 떠나면서 콜랴와 릴리야의 관계도 상처를 봉합하며 정상화되는 것처럼 보인다. 그러던 어느 날 아침 일찍 잠자리에서 일어난 릴리야가 생선 가공 공장으로 가지 않고 바닷가로 발길을 돌려 낭떠러지 끝에 섰다 사라진 뒤 싸늘한 시신으로 발견되면서 영화는 미스터리 같은 분위기에 휩싸인다. 바닷가 낭떠러지에서 뛰어내려 자살한 것처럼 보였던 릴리야는 시신 부검 결과 뒤통수를 둔기로 심하게 맞아 타살된 것으로 밝혀진다. 아내를 잃고 실의에 빠져 보드카만 마시던 콜랴가 그녀의 살인범으로 체포되어 교도소에 수용되지만, 영화는 그가 아내를 살해한 진범인지 아닌지 확실치 않은 상태로 막을 내린다.

앞서 언급했듯이, 『리바이어던』의 서사는 콜랴의 친구 디마가 기차역에 도착하는 것과 함께 본격적으로 펼쳐진다. 이와 관련하여 흥미로운 사실은 디마가 콜랴의 군대 동료로서 한편으로는 그에게 가깝고도 친밀한 사이지만, 나중에 그와 릴리야의 잇단 불륜에서 밝혀지듯이, 다른 한편으로는 낯선 이방인의 존재로 탈바꿈한다는 점이다. 먼저 콜랴와 디마, 더 나아가 주변 사람들의 친밀한 관계는 이들이 틈만 나면 마셔대는 보드카를 매개로 곧잘 강조된다. 이는 니콜라이의 이웃 이반 스테파니치(Иван Степаныч)가 자신의 생일 기념으로 마련한 사격놀이 소풍에서 가장 분명하게 드러난다. 디마는 이때 처음으로 콜랴의 가까운 지인들, 다시 말해 이반 스테파니치, 교통경찰 파샤(Паша)와 그의 부인 안젤라(Анджела) 사이에 섞여 자연스럽게 어울리는데, 이들 사이의 거리를 좁혀주고 경계를 허물어주는 것이 바로 보드카다. 달리 말하자면 여기서 보드카는 이들의 동질감을 확인하고 강조하는 집단 정체성의 표시 장치와도 같다. 또 네 남자가 차례로 표적을 향해 사격하기에 앞서 사뭇 진지하게 한 잔씩 들이켜는 보드카 마시기는 동류 집단을 하나로 결속하는 집단 의례나 입회 의식을 거행할 때처럼 뭔가 엄숙하고 신성한 느낌을 자아낸다.

그러나 디마는 바로 이 지점에서 니콜라이의 주변인들에게서 다시 멀어지는 낯선 타자이자 이방인으로 되돌아간다. 사람들이 사격놀이와 보드카 향연을 한바탕 벌이고 나서 쉬는 동안 릴리야가 혼자서 어디론가 사라지는데, 곧이어 디마도 뭔가를 찾아 나서며 이들의 시야에서 벗어난다. 잠시 후 안젤라의 어린 아들 비탸(Витя)가 다급한 목소리로 엄마를 부르며 달려와 두 사람이 사라진 곳에서 무슨 일이 벌어지고 있는지 말할 때 디마와 릴리야의 두 번째 불륜이 만천하에 드러난다. 특히 콜랴와 디마가 주먹다짐을 벌이고 소풍도 추태로 얼룩지면서 두 친구의 친밀한 관계는 영원히 소원해진다.

주목할 만한 점은 릴리야와 디마도 어디론가 사라지고 아이들도 눈에 보이지 않자 파샤가 주변에 위험한 짐승들이 있을지 모른다며 아이들을 걱정하는 대목이다. 이때 안젤라는 그곳에는 사나운 짐승들이 없다며 안심해도 된다고 말하는데, 곁에 있던 이반 스페파니치는 그런 안젤라를 비웃기라도 하듯 매우 의미심장하게도 "사람이 가장 위험한 동물이다"라고 일갈한다. 그런데 이 말이 나오기가 무섭게 뭔가를 보고 몹시 놀라 달려온 비탸는 엄마 안젤라에게 '모스크바에서 온' '낯선 아저씨'가 릴리야 아줌마의 목을 조르고 있다며 어른들의 정사 장면에 대한 목격담을 전한다.

이처럼 언어를 통한 간접적 암시와 목격을 통한 직접적 폭로가 잇따르는 가운데 디마는 친밀한 관계였던 콜랴와 그 주변 사람들 사이에서 그야말로 '위험하고' '낯선' 존재로 급부상하고 그에 대한 공격과 배척도 급물살을 탄다. 먼저 디마는 소풍에서 릴리야와 불륜을 저지른 직후 '이질적' '다름'의 존재로 인식되는 동시에 친구 콜랴의 공격과 배척을 당한다. 다음으로 그는 자신의 호텔 방에서 릴리야와 세 번째 불륜을 저지른 뒤에 시장 바딤과 그 수하들에게 불려나가 심하게 폭행을 당하고 살해 협박을 받고 마침내 자신이 왔던 모스크바로 축출된다.

여기서 짐작할 수 있듯이, 『리바이어던』에서 콜랴가 맞이하는 혹독한 시련과 비극적 운명은 자신의 집을 빼앗으려는 시장 바딤의 권력 앞에서 느끼는 무기력에서 나오기도 하지만, 친밀하고 동질적으로 생각했던 가까운 사람들이 갑자기 낯설고 이질적인 존재로 급변하는 데서 오는 절망감에서 비롯되기도 한다. 콜랴의 곤경은 특히 아내 릴리야가 자신의 친구 디마와 불륜을 저지르는 과정을 통해 낯선 존재로 점점 소원해지면서 더욱 악화한다. 따라서 디마가 모스크바에서 왔다가 도움을 주기는커녕 콜랴의 가정에 파탄의 씨앗만 뿌려놓고 떠나는 외부의 이방인이라고 한다면, 릴리야는 남편과 그의 아들 로마와는 물론이고 주변의 다른 모든 사람과도 겉으로는 친밀해 보이고 친밀하려고 애쓰지만, 결국에는 낯선 존재로 변해가는 내부의 이방인이라고 할 수 있다.

릴리야는 무엇보다도 모호한 정체성 때문에『리바이어던』의 영화 세계를 가득 채우는 신비적 분위기의 한복판에 서 있는 인물이다. 그녀의 정체는 영화 초반부에서 콜랴와 로마, 디마가 아침 식사를 위해 모인 자리에서 콜랴가 릴리야에게 무례한 태도를 보이는 로마의 머리를 세게 때리며 꾸짖자 로마가 릴리야를 가리키며 자기 엄마가 아니라고 부정할 때 비로소 조금이나마 드러난다. 그러나 릴리야가 현재 콜랴와 함께 살고 있고 생선 가공 공장에서 일하고 있다는 점을 제외하면 그녀의 모호한 정체를 밝혀줄 만한 구체적인 사실은 전혀 제시되지 않는다. 다시 말해 그녀가 어떻게 콜랴를 만나 함께 살게 됐고 그전에는 어디서 무슨 일을 했는지 짐작조차 할 수 없을 정도로 그녀의 모호한 존재는 인식의 사각지대에 놓여 있다.

더욱이 릴리야는 '당신을 사랑한다'는 콜랴의 말에 '알고 있다'고 영혼 없이 형식적으로 반응하는 데서 엿볼 수 있듯이 콜랴에게 가장 가깝고 친밀한 아내의 위치에 있으면서도 부부의 침실이라는 내밀한 장소에서마저 낯설기만 할 뿐이다. 이런 낯선 느낌은 릴리야가 디마와 불륜을 저지르기 전에 그녀와 콜랴의 내밀한 부부 관계가 한 번도 제시되지 않는다는 점에서만 아니라, 불륜 이후 침실과 지하실에서 몇 차례 보이는 이들의 부부 관계마저 자연스럽지 못한 채 거의 반강제적으로 이뤄진다는 점에서도 확인할 수 있다. 여기서 주목해야 할 점은 릴리야를 향한 콜랴의 욕망이 콜랴-릴리야-디마 사이에 형성되는 '삼각형의 욕망'이라는 것이다. 르네 지라르 식으로 말하면, 콜랴는 자신이 릴리야를 진정으로 욕망한다고 믿지만, 사실은 디마가 릴리야를 욕망하는 것을 그대로 따라 하는 데 지나지 않는다. 이렇게 릴리야를 향한 콜랴의 욕망이 다름 아닌 디마를 통해 중개된 간접적 욕망이라는 것은 콜랴가 디마와 릴리야의 불륜 사실이 밝혀지고 나서 그전과는 전혀 다르게 릴리야를 강박적으로 욕망한다는 점에서 잘 뒷받침된다. 하지만 디마는 콜랴에게 욕망의 중개자인 동시에 그것을 가로막는 최대 걸림돌이다. 디마가 콜랴에게 친밀하면서도 낯선 존재로 급부상하며 공격과 배척을 받고 사라지는 이유도 궁극적으로는 여기에 있을지 모른다.

이런 디마와 마찬가지로 릴리야도 콜랴에게는 낯설기만 한 존재다. 먼저 실제적 측면에서 릴리야는 콜랴의 강박적 욕망에 마지못해 피동적으로 응하는 데서 알 수 있듯이 그에게 심리적 거부감을 느끼는 것으로 보인다. 다음으로 상징적 차원에서 릴리야는 콜랴에게서 궁극적으로 이탈할 수밖에 없는 욕구 불만의 존재로 육화돼 있다고 볼 수 있다. 이는 그녀의 이름 '릴리야'(Лилия)가 유대 신화에서 아담의 첫 번째 아내로 나오는 '릴리트'(Лилит)에서 파생됐다는 점으로 설득력을 얻는다. 유대 신화에 따르면, 릴리트는 아담의 첫 번째 부인이지만, 아담의 갈비뼈에서 취한 종속적 존재가 아니라, 아담 자신과 마찬가지로 흙으로 빚어진 독립적 존재였다. 특히 아름답고 매력적인 릴리트는 정숙한 아내의 자리에 만족하지 않았고 여성 상위를 요구하다 받아들여지지 않자 결국 아담을 버리고 떠난 것으로 전해진다. 이렇게 신화적, 상징적 차원에서 바라보면 릴리야가 콜랴에게 한없이 낯선 존재로서 자살이든 타살이든 결국 그의 곁을 떠날 수밖에 없었던 이유도 비로소 해명될 수 있다.

더욱 흥미로운 점은 외부의 이방인인 디마도, 내부의 이방인인 릴리야도 콜랴에게서 떠난 뒤에 사진이나 동영상으로만 나타난다는 사실이다. 실제로 친구도 떠나고 아내도 사라진 가운데 콜랴에게는 그들의 과거 모습만이 사진이나 동영상을 통해 제시된다. 디마는 군대 시절 콜랴와 함께 찍은 빛바랜 흑백사진 속에서 마지막으로 모습을 드러내는데, 이때 카메라는 콜랴의 집 안에 걸려 있는 사진 속 두 친구의 모습을 조금씩 클로즈업해 보여준다. 한편 릴리야는 바닷가 낭떠러지에서 사라진 뒤에 디마와 마찬가지로 콜랴의 집에 걸려 있는 그녀의 독사진과 콜랴가 휴대전화로 촬영한 동영상을 통해 제시된다. 이렇듯 디마와 릴리야는 이제 실체 없는 이미지로만 콜랴의 집 안에 머물고 있는데, 매우 의미심장하게도 이는 그의 집 밖과 마을 주변에서 불길하고 신비로운 분위기를 자아내는 완파된 선박과 무너진 교회, 거대한 고래 뼈 등과 연결되면서 쇠퇴와 죽음의 의미지평으로 수렴된다.

이상에서 살펴본 것처럼 『리바이어던』에서 즈뱌긴체프는 '친밀'과 '낯섦'의 이중주를 통해 모든 인간관계의 심연 속에는 결국 죽음의 불길한 그림자가 도사리고 있음을 말하고자 한 게 아닐까?

16장

타르콥스키의 『노스탤지어』:
공간 구성과 집의 주제

16장

타르콥스키의 『노스탤지어』: 공간 구성과 집의 주제

'귀향'을 뜻하는 '노스토스'(*nostos*)와 '동경'을 뜻하는 '알지아'(*algia*)라는 그리스어의 두 어원에서 유래한 '향수'(nostalgia)는 "더 이상 존재하지 않거나 전혀 존재하지 않았던 집에 대한 동경"을 가리킨다.[1] 다시 말해서 향수는 자신이 태어나고 자랐던 집 혹은 친밀한 공간의 상실이나 그로부터의 이탈에서 발생하는 감정이자 정서라고 할 수 있다. 영화적 상상력을 통해 이 같은 감정이나 정서를 표현한다면, 집을 중심으로 한 고향과 타향 (혹은 고국과 타국), 과거와 현재, 꿈과 일상적 현실의 대비에서 흔히 볼 수 있듯이 대조적인 두 이미지의 중첩 혹은 동시적 병치가 구체적인 한 예가 될 것이다. 이 점에서 안드레이 타르콥스키(Андрей Тарковский)의 영화 『노스탤지어』(Ностальгия)[2]는 빼어난 영화적 상상력과 독창적인 영상미학을 통해 그와 같은 감정이나 정서를 가장 잘 재현하고 구현한 영화라고 할 수 있다. 이 영화는 처음부터 마지막 순간까지 앞서 언급한 것과 같은 대립적 이미지들의 순차적 배열이나 동시적 병치로 이루어져 있을 뿐만 아니라, 항상 그 중심에는 '지금 여기'의 현실 공간에는 존재하지 않는 고향집에 대한 동경으로서 꿈과 기억이 깊이 자리 잡고 있기 때문이다. 특히, 영화의 맨 마지막 부분에서 폐허의 이탈리아 성당 안에 주인공의 러시아 고향집을 중첩시켜 보여주는 장면은 러시아 영화사에서뿐만 아니라 세계 영화사에서도 전무후무한 장면일 뿐만 아니라, 영화 속에 설정돼 있는 공간 구성의 원리를 조명하고 집의 주제를 탐구하는데 있어서도 핵심 장면으로서 매우 중대한 의미를 갖는다.

집의 이미지를 중심으로 한 타르콥스키의 특별한 공간 구성은 특히 제목 속에 함축돼 있는 『노스탤지어』의 "역설적 의미"와 "기호학적 다의성"을 한층 확대, 심화시키고, 더 나아가 영화 텍스트 전체의 의미를 좌우하는 핵심 원리로까지 작용한다.[3] 『노스탤지어』에서 집의 개념이 주인공의 러시아 고향집과 같은 특정 공간에 국한되지 않고, 궁극적으로는 보편적이고 시원적인 의미 차원으로 확대되고, 향수의 개념 역시 타르콥스키 자신이 정의한 바 있는 러시아라는 구체적인 의미 공간에만 적용되지 않고 초월적인 성격을 띠는 이유도 여기에 있다.[4] 또한, 이 영화 텍스트에서 풍부한 상징과 은유가 타르콥스키 자신의 의도와는 상관없이 자연스럽게 발생하여 웅숭깊은 의미론적 반향을 불러일으키는 것도 많은 부분에서 집의 이미지를 중심으로 한 특이한 공간 구성의 미학적 원리에서 기인한다.

여기서는 타르콥스키의 영화 『노스탤지어』에 나타난 공간 구성의 구체적 특징과 그 안에 숨겨진 의미를 주요 장면을 중심으로 고찰해보면서, 공간 이미지의 특별한 구성과 조직이 영화 텍스트 전체의 의미체계를 결정하는 핵심적인 미학 원리로 작용하고 있음을 밝혀

보고자 한다. 그런 다음 이 영화에서 가장 중요한 공간 이미지 가운데 하나로 등장하고 있지만, 기존 연구에서는 부분적, 피상적, 개별적 측면에서만 다뤄졌던 다양한 집 이미지와 그 궁극적 의미를 본격적으로 분석해본다.

『노스탤지어』는 물리적, 육체적으로는 이탈리아에 존재하고 있지만, 감정적, 정신적으로는 여전히 러시아에 머물러 있는 안드레이 고르차코프라는 러시아 시인의 이야기이다. 그는 러시아를 떠나 이탈리아에 와서 음악 공부를 하다 심한 향수병을 견디다 못해 자살한 소스놉키라는 18세기 러시아 작곡가의 행적을 찾아 나선다. 고르차코프는 아름다운 이탈리아 통역사인 유제니아에게서 노골적인 성적 암시와 추파를 받지만 이에 아랑곳하지 않고 소스놉스키와 깊은 동질감을 느끼면서 고국에 두고 온 자신의 가족에 대한 꿈과 기억 속에 빠져든다. 한편, 고르차코프가 성 카타리나의 온천에서 만난 도메니코는 주민들로부터 광인 취급을 받는데, 세계 종말을 대비해 자신의 가족을 7년 동안 집안에 유폐시켜놓았던 과거와는 달리, 이제는 촛불을 들고 성 카타리나의 온천을 횡단하면 인류를 파멸에서 구할 수 있다고 믿는다. 하지만 주민들은 도메니코가 이런 미친 짓을 하도록 내버려두지 않기 때문에 그는 이 일을 고르차코프에게 부탁한다. 고르차코프는 처음에 이것을 거절하다가 나중에 가서 수락한다. 이후 도메니코는 로마로 가서 세계를 위한 희생 의식으로 분신 자살한다. 같은 시간 고르차코프는 촛불을 들고 물 빠진 온천을 횡단하다 마지막 순간 심장발작으로 쓰러진다. 곧이어 영화는 폐허의 이탈리아 성당과 고르차코프의 러시아 고향집이 중첩된 이미지와 함께 막을 내린다.

이렇게 단순한 줄거리를 갖고 있는 『노스탤지어』는 그러나 공간

구성과 집의 주제에서뿐만 아니라 다른 많은 점에서도 상호 대립적인 관계를 형성하며 순차적으로 배열, 제시되는 처음 두 장면에서부터 복잡 미묘한 양상을 드러낸다. 처음 두 장면은 무엇보다도 먼저 영화 텍스트의 서사구조에서 기본 골격을 형성하는 고향(고국 러시아)과 타향(타국 이탈리아), 과거와 현재, 꿈과 현실의 다층적 대립관계를 노정시킨다. 첫 장면은 과거에 대한 기억이나 꿈의 형식을 띤 주인공 안드레이 고르차코프의 상상력을 통해 흑백 화면 속에 제시되는 안개 자욱한 러시아 고향집 풍경을 보여준다. 여기서는 세 명의 여자와 한 소년, 그 뒤를 따르는 개 한 마리가 주인공의 집으로 추정되는 곳(이것은 주인공의 고향집인 것으로 곧 밝혀진다)으로부터 나와 완만하게 경사진 비탈길을 따라 걸어 내려가는 광경이 눈에 들어오고, 이와 동시에 감미롭고 서정적인 러시아 민요를 부르는 한 여인의 목소리가 귀에 들려온다. 또한, 이 장면의 한가운데에는 알 수 없는 나무 기둥이 서있고, 그로부터 조금 떨어진 풀밭에서는 하얀 말 한 마리가 한가롭게 풀을 뜯고 있으며, 화면 저 멀리에는 물안개가 피어오르는 호수가 보인다.[5] 이와 같은 풍경 장면이 특별하게 아름답다거나 이상향으로 묘사되어 있다고 확실하게 말할 수는 없지만, 그 전체적 분위기는 꿈과 같은 몽롱한 특질을 띤다. 특히, 이런 몽환적 분위기는 이후 다채롭게 변주되면서 영화 서사의 현재 속에 끊임없이 침투하고, 그럼으로써 한편으로는 꿈과 현실의 경계를 모호하게 만들고, 다른 한편으로는 현실과의 긴장관계를 형성하며 다양한 의미를 생산해내는 핵심 기제로 작용하게 된다.

곧이어 제시되는 두 번째 장면 역시 안개 자욱한 풍경과 함께 시작되는데, 이 장면이 첫 장면과 달리 칼라 화면으로 제시되고 있음에도 불구하고, 두 장면에 공통적으로 등장하는 안개의 풍경은 관객으로 하여금 이 장면이 첫 번째 장면의 연속이거나 그 일부가 아닐까 하는 착각을 불러일으키게 한다. 이 같은 느낌은 또한 첫 번째 장면에 이어 두 번째 장면에서도 의미심장하게 계속 등장하는 전신주에 의해 한층 더 강화되는데, 이와 관련하여 특히 주목해야 할 사실은 꿈과 같은 몽롱한 분위기의 첫 번째 장면에서는 나무 전신주가 모호한 형태로 등장하고 있다는 사실이다. 실제로, 첫 번째 장면에서 화면 정중앙에 우뚝 서있는 나무기둥은 두 번째 장면과 그 이후에 되풀이되는 꿈과 기억의 장면들에서 전신주의 형태로 분명하게 나타나기 전까지 그것이 전신주인지 그 밖의 다른 무엇인지 쉽게 알 수 없을 정도로 그 형태와 용도가 불명확하다. 그리고 바로 이런 이유로 인해 나무 전신주는 관객이나 비평가들에게서 갖가지 유추와 해석을 자아내면서 관심의 초점이 된다.[6)]

그러나 첫 번째 장면에서 다소 신비한 이미지를 띠고 모호한 형체로 제시된 나무기둥은 두 번째 장면에서 제시되는 두 개의 콘크리트 전신주와 긴밀한 연상적 고리를 형성하고, 이후 영화 서사의 현재 속에 부단하게 끼어드는 꿈의 장면들에서 나무 전신주의 형태로 확연하게 드러난다. 이미 지적했듯이, 이 전신주들의 기능적 의미는 러시아와 이탈리아, 과거와 현재, 꿈(혹은 기억)과 현실 등 시공간적으로 전혀 다른 두 세계를 각각 담고 있는 첫 번째와 두 번째 장면이 하나의 단일한 시공 연속체로 제시되고 있다는 강한 인상을 불러일으키는 데에 있다. 특히, 꿈과 같은 몽환적 분위기를 연출하는 안개의 이미지와 더불어 전신주의 이미지는 각기 다른 시공 차원을 갖고 있는 두 장면에서 연쇄적으로 출현함으로써 대립적인 두 세계의 유기적 통합 가능성을 시사하는데, 이것은 러시아 공간과 이탈리아 공간이 수평적 연쇄로서가 아니라 수직적 중첩으로서 제시되는 영화의 마지막 장면에서 구체화된다. 이런 의미에서, 『노스탤지어』의 마지막 장면에서 두 공간 이미지의 수직적 중첩은 아이러니하게도 처음 두 장면의 수평적 배열 속에 이미 예시되어 있다고 할 수 있고, 여기서 가장 중요한 기능을 담당하는 것은 다름 아닌 전신주의 수직 이미지이다.

하지만 최근까지 러시아 국내외에서 진행된 『노스탤지어』에 대한 기존의 비평적 분석과 해석은 영화 텍스트의 주제구조에서뿐만 아니라 공간 구성의 원리에서도 중대한 기능과 의미를 갖고 있는 전신주의 수직 이미지에 대해서는 거의 주목하지 않았다. 처음 두 장면에 공통적으로 등장하는 전신주의 수직 이미지는 영화의 서사 속에서 갖가지 형태로 반복해서 나타나는데, 세 번째 장면에서 유제니아가 찾아가는 교회 안의 원주들에서 가장 먼저 그 유사 이미지를 찾아볼 수 있다. 여기서 특기할 점은 첫 번째 장면에서 단수로 제시되었던 전신주의 수직 이미지가 두 번째 장면에서부터는 복수로 제시되기 시작한다는 사실이다. 이 점은 전신주의 수직 이미지의 유사 이미지들인 교회 내의 원주들에서뿐만 아니라 러시아 고향집에 대한 고르차코프의 연이은 꿈이나 기억들에서도 뚜렷하게 찾아볼 수 있다. 그러나 영화 서사가 진행되는 동안 전신주의 수직 이미지가 영화 텍스트의 표층 차원에서 단수에서 복수의 형태로 제시되는 양상의 심층 의미는 서사의 중간 지점에서 고르차코프가 성 카타리나의 온천에서 만나게 되는 광인 도메니코의 집 안벽에 쓰여진 "1+1=1"이라는 공식을 통해 온전하게 드러난다.

영화 텍스트의 바깥에서 도메니코의 공식 "1+1=1"은 무엇보다도 먼저 도스토옙스키의 소설 『지하생활자의 수기』에서 지하생활자가 현대 사회를 지배하는 실증적 이성에 대한 도전으로서 제시하는 "2+2=5"라는 공식을 분명하게 상기시킨다.[7] 다른 한편으로, 영화 텍스트 안에서 "1+1=1"은 형태상 일렬로 서있는 전신주의 수직적 이미지를 강하게 환기시킨다. 하지만 "1+1=1" 공식은 일렬로 늘어선 전신주의 수직 이미지와 형태상으로만 밀접한 유사성을 갖고 있는 것은 아니다. 이 공식은 전신주의 수직 이미지가 영화 서사가 진행되는 동안 복수로 제시되는 양상의 역설적 의미까지도 그 안에 내포하고 있기 때문이다. 그 역설적 의미는 먼저 도메니코가 "1+1=1" 공식을 고르차코프에게 가리켜 보이면서 "물방울 하나가 다른 하나와 합쳐지면 두 개의 물방울이 아니라 하나의 커다란 물방울이 된다"라고 말하는 대목에서 암시적으로 드러나고, 다음으로는 두 개의 공간이 하나의 유기적 전체로 통합되어 나타나는 영화의 마지막 장면에서 가장 분명하게 표현된다. 영화의 첫 장면에서 전신주가 단순한 나무기둥으로 오인될 만큼 불명확한 형태로 단 하나만 제시되어 있는 근본 이유도 어쩌면 바로 여기에 있는지도 모른다.

전신주의 수직이미지가 갖고 있는 심층적 의미론은 전신주들이 단순히 세워져있는 통합이라는 논지에만 있지 않다. 그것은 타르콥스키가 영화의 마지막 장면에서 두 대립적 이미지의 수직적 통합을 이끌어 내는 과정 전체에 대해서 뿐만 아니라 조화로운 통합이라는 영화 전체의 의미구조에 대해서도 중요한 은유적 장치로 작용한다는 데에 있다. 이점에서 영화 서사 전체에서 한 장면에서만 분명하게 제시되는 도미니코의 "1+1=1" 공식이 그런 과정과 구조에 대한 공개적으로 드러난 은유라고 한다면, 여러 장면에 걸쳐 다양한 형식으로 등장하는 전신주의 수직 이미지는 교묘하게 숨겨진 은유라고 할 수 있다.

『노스탤지어』의 처음 두 장면은 전신주의 수직적 공간 이미지 이외에도 탁 트인 '열린 공간'의 이미지로 강하게 특징져 진다고 할 수 있다. 이 같은 공통 특징 역시 관객으로 하여금 각기 다른 공간을 보여주는 두 장면을 하나의 동일한 공간의 연속적 제시로 착각하게 만든다. 공간의 개방성은 특히 두 번째 이탈리아 장면에서 화면 오른쪽으로부터 등장해서 왼쪽으로 길게 이동하여 화면 밖으로 잠시 사라진 다음 다시 오른쪽으로 나와 화면 가운데 지점에 멈춰서는 자동차의 긴 움직임에 의해 더욱 두드러진다. 그러나 처음 두 장면에서 공통적으로 나타나는 열린 공간의 이미지는 그 다음 교회 장면에서부터 다양한 형태의 '닫힌 공간'의 이미지에 자리를 완전히 내주게 되고, 그 기능적 의미 역시 두 장면을 단일 장면의 연속체로 오인하게 만드는 것으로 국한된다.

반면, 이때부터 영화는 닫힌 공간이 압도하게 되고, 그 의미론적 반향 역시 열린 공간의 제한된 의미보다 한층 더 커진다. 이와 관련하여 주목할 만한 양상 가운데 한 가지는 주인공 안드레이 고르차코프가 영화 서사의 현재 속에서 그리고 그 이후인 영화의 마지막 장면에서도 대부분 닫힌 공간의 이미지와 밀접한 관계 속에 등장하고 있다는 사실이다. 비다 존슨과 그래험 페트리가 이미 지적한 바 있듯이, 실제로 고르차코프는 대부분의 경우 토스카나의 호텔 방, 호텔 로비, 온천 연못, 도메니코의 집, 폐허가 된 대성당 등과 같은 닫힌 공간들 속에서만 모습을 드러낸다.[8)]

먼저, 신화적, 상징적 해석의 측면에서 볼 때, 닫혀 있거나 밀폐된 공간은 모태 공간, 즉 어머니의 자궁을 상징한다고 볼 수 있다. 이와 같은 해석은 이 영화에서도 풍부하게 등장하는 다양한 물 이미지와 결부될 때 한층 더 설득력 있게 들리는데, 두 겹으로 닫혀 있는 온천 연못이나 그 안에 물이 흐르거나 물을 담고 있는 폐허의 집이 모태 공간을 상징하는 대표적인 공간이라 할 수 있다.[9] 이것은 특히 영화의 세 번째 장면에서 등장하는 피에로 델라 프란체스카의 "출산의 성모"상에 함축돼 있는 모성 혹은 여성성이라는 원형적 이미지의 구체적 표현에 다름 아니지만, 닫힌 공간들이 모태 공간을 연상시키거나 상징한다고 해서 반드시 긍정적 의미만을 내포하지만은 않는다. 그들은 동시에 기술문명과 물질문화로 특징져 지는 현대 사회의 갖가지 부정적 양상들을 표상하고 있기 때문이다. 일례로, 영화의 전반부에서 물을 가득 담고 있던 것으로 제시되었던 온천 연못이 후반부에 가서는 밑바닥을 드러내 보이면서 물이 다 빠진 채로 제시되는데,[10] 그 밑바닥에는 현대 문명의 퇴폐와 타락을 지시하는 각종 쓰레기들이 즐비하게 깔려있다.

이렇게 자궁의 이미지와 결부되어 신성한 의미를 내포하면서도 다른 한편으로는 현대 사회의 부정적 양상들을 상징하기도 하는 닫힌 공간으로서 연못 이미지와 관련하여 더욱 아이러니한 점은 바로 이 연못이 세계와 인류 구원을 위해 고르차코프가 수행하는 장엄한 의식의 공간으로 탈바꿈하는 동시에 영화 안에서 "중심적인 정신적 장소"[11]가 된다는 사실이다. 앞서 언급했듯이, 도메니코는 촛불을 들고 온천 연못을 가로지르는 의식을 시도했지만, 그때마다 미친 사람으로 취급받으며 연못에서 끌려나왔다고 말하면서, 고르차코프에게 이것을 대신 실행해달라고 요청한다. 이에 고르차코프는 토스카나를 떠나기에 앞서, 도메니코가 로마의 한 광장에서 세계 구원을 위한 희생의식을 치르는 것과 거의 같은 시간에 촛불을 들고 물이 빠진 온천 연못을 횡단하는 고통스런 의식을 수행한다. 이런 식으로 고르차코프는 물이 빠진 뒤 지저분한 밑바닥을 노출함으로써 현대 사회와 인간 정신의 치부를 드러내 보이는 것처럼 보이는 온천 연못에 다시 신성한 의미를 부여한다. 이와 더불어 고르차코프가 몇 차례 실패를 거듭하다 불을 꺼뜨리지 않고 온천 연못의 왼쪽 끝에 무사히 옮겨놓은 촛불은 그의 현실적, 물리적 죽음이 움직일 수 없는 사실일지라도 초월적, 추상적 차원에서는 그의 정신적 부활을 강하게 암시한다.

『노스탤지어』에서뿐만 아니라 타르콥스키의 영화 전체에서도 롱테이크 기법으로 유명한 이 장면에서 사각의 닫힌 공간으로서 성 카타리나의 온천 연못은 역설적이게도 안드레이 고르차코프 자신의 내면세계를 향해 활짝 '열려있는' 공간이기도 하다. 이런 점에서 연못은 또한 고르차코프가 외적 현실로부터의 소외와 단절감에서 벗어나 자신의 내적 존재와 정신적 신념을 구현하는 한 편의 실존적 드라마의 공간적 배경이 된다. 타르콥스키는 약 8분여에 걸쳐 진행되는 이 장면에서 일종의 '느림'의 미학을 통해 주인공의 입장에서뿐만 아니라 관객의 입장에서도 참기 어려운 고통과 고뇌의 순간들을 극대화시키면서 아니러니하게도 일종의 카타르시스 효과를 창출하는데,[12] 여기서 '느림'의 미학은 무엇보다도 먼저 관객으로 하여금 고르차코프가 벌이고 있는 기이한 행위의 갖가지 세목과 순간들에 공감각적으로 주의를 집중하게 만든다. 고르차코프는 이 순간들의 강렬함을 견디다 못해 급기야 심장발작으로 무너지고 말지만, 그 강렬한 순간들은 동시에 그로 하여금 진정으로 의미 있는 삶을 느낄 수 있도록 해주는 순간들이기도 하다. 왜냐하면 이 순간들은 고르차코프가 자신의 신념과 대의에 완전히 헌신함으로써 존재의 충일을 맛보고 세계 속에서 자기 존재의 의미를 가장 날카롭게 인식하는 순간들이기 때문이다. 이런 의미에서, 밑바닥을 드러낸 얕은 깊이의 온천 연못이 고르차코프의 존재론적 깊이가 심화되는 공간적 배경이 되고 있다는 사실은 아이러니라고 하지 않을 수 없다.

『노스탤지어』의 주요 장면들에서 반복적으로 나타나는 공간 구성의 현저한 특징 가운데 하나는 오른쪽에서 왼쪽으로 자주 이동하는 인물들(과 카메라)의 운동 방향으로서, 이 점에서도 물 빠진 온천 연못은 특히 의미심장하다. 이미 언급했듯이, 이 장면에서 고르차코프는 세 번에 걸쳐 연못의 오른쪽에서 왼쪽으로 촛불을 들고 이동한다. 이렇게 오른쪽에서 왼쪽으로 연못을 횡단하는 수평운동은 영화의 두 번째 장면에서 이미 분명하게 나타난 바 있고, 고르차코프가 유제니아와 함께 도메니코를 처음으로 만나게 되는 온천 장면(이때에는 연못이 물로 가득 차 있다)과 고르차코프의 호텔방 장면에서도 특징적인 운동 현상이라 할 수 있다. 고르차코프가 도메니코를 처음 만나는 온천 장면에서 오른쪽에서 왼쪽으로의 공간 이동은 두 번째 장면에서의 공간적 이동 양상을 그대로 반복한다. 다만 차이가 있다면, 그것은 이 장면에서의 수평적 공간 이동이 두 번째 장면에서와는 달리 화면 윗부분이 아니라 아랫부분에서 이루어지고 있다는 것뿐이다. 즉, 고르차코프는 유제니아와 함께 화면 오른쪽 아래에서 나와 화면 왼쪽을 향해 천천히 걸어간 다음 다시 화면 아래 왼쪽 모퉁이를 휘감고 돌아 왼쪽 중간에 자리 잡고 있는 도메니코에게로 다가간다.

러시아에서 온 시인 고르차코프와 모든 사람들이 광인으로 취급하는 도메니코라는 이탈리아의 "성스런 바보"[13] 사이에 최초의 접촉과 무언의 정신적 교감이 이렇게 왼쪽의 공간에서 이뤄지고 있다는 사실은 『노스탤지어』의 공간 구도에서 왼쪽이 갖고 있는 상징적 의미의 중요성을 다시 한 번 강조해주는데, 여기서 왼쪽 공간의 의미는 두 번째 장면의 왼쪽 공간이 상징하는 의미와 크게 다르지 않다.[14] 그러나 『노스탤지어』에서 왼쪽 공간의 상징적 의미가 가장 분명하고 가장 극적인 방식으로 드러나는 곳은 비범한 정신적 깊이를 가진 시인과 "성스런 바보"가 세계에 대한 침묵의 교감을 나눴던 물로 가득 찬 온천 장면이 아니라 그들 사이의 침묵의 교감이 구체적 행동으로 실현되는 물이 빠진 온천 장면이다. 안드레이 고르차코프는 두 번의 실패를 거듭한 다음 세 번째에 드디어 촛불을 꺼뜨리지 않고 연못 오른쪽 끝에서 왼쪽 끝으로 옮겨와 그 위에 조심스럽게 올려놓는데, 여기서 종교적 차원을 띠고 있는 촛불의 이미지에 의해 그 의미가 한층 더 강화되는 왼쪽 공간은 신비롭고 성스런 장소로 탈바꿈하면서 순수한 영혼의 지향점으로 격상된다.

이처럼 여러 장면에서 반복적으로 나타나는 화면 오른쪽에서 왼쪽으로의 공간이동은 공간 구성의 측면에서 봤을 때 우연한 것이 아니라 타르콥스키가 계산된 의도를 갖고 설정한 것이다. 그것은 일종의 '기법 드러내기'로 볼 수 있으며, 그 궁극적인 의미는 이상과 같이 온천 연못의 한 장면에서 세 번 반복되는 오른쪽에서 왼쪽으로의 공간 이동에서 온전하게 드러난다.

타르콥스키는 자신의 영화 세계에서 공간의 핵심 이미지 가운데 하나로 등장하는 집의 이미지를 스타니슬라프 렘(Stanislaw Lem)의 소설을 영화화한 『솔라리스』(Солярис, 1972)에서부터 의식적으로 하나의 중요한 주제로 도입하기 시작했다. 이런 의미에서, 『솔라리스』와 함께 시작되는 타르콥스키의 영화 여정은 어느 비평가가 지적한 것처럼 집의 건설과 파괴로 이어지는 집의 주제화라 불러도 무방할 것이다.[15] 그리고 이렇게 집의 주제화라 할 수 있는 타르콥스키의 영화 여정에서 가장 주목할 만한 사실은, 먼저, 그의 주요 영화 작품에서 집의 이미지가 어떤 경우에는 영화 텍스트의 구조적 장치로 사용되고 있을 뿐만 아니라(『솔라리스』, 『노스탤지어』, 『희생(Жертвоприношение)』(1986)) 또 다른 경우에는 영화 서사의 현재 속에 전혀 등장하지 않고 오직 주인공의 꿈이나 기억을 통해서만 나타나고 있다(『거울』(Зеркало, 1975)과 『노스탤지어』)는 점이다. 다음으로 특기할 만한 것은 집의 이미지가 영화 텍스트 공간의 구성에서뿐만 아니라 문화적 공간의 질서와 가치체계에서도 핵심 요소로 설정되어 있다(『솔라리스』와 『노스탤지어』)는 사실이다. 그러나 이렇게 각 영화 작품을 교차하면서 때로는 비슷하게 때로는 다르게 등장하는 집의 이미지가 갖고 있는 심층적 의미의 진폭은 개별 작품의 구체적인 내외적 맥락 안에서 크게 달라진다.

『노스탤지어』의 내외적 맥락 안에서 집의 이미지가 일으키는 의미론적 파장의 강도는 무엇보다도 먼저 타르콥스키 본인이 자신의 집과 고국 러시아를 실제로 떠나 있으면서 그렇게 멀리 집을 떠나 있거나 집 없이 방랑하는 사람들(영화 밖의 타르콥스키, 영화의 주인공 고르차코프, 영화의 배경 이야기 속의 소스놉스키 등)의 복잡 미묘한 정신적, 심리적 상황을 보여주는 영화를 만들었다는 사실에 의해 한층 더 커진다. 이와 관련하여, 영화 전체에서 집의 핵심 이미지로 등장하는 고르차코프의 러시아 고향집은 많은 점에서 특히 의미심장하다. 먼저, 고르차코프의 러시아 고향집은 앞서 지적했듯이 꿈의 초현실 공간이나 기억의 과거 공간에서만 그 모습을 드러낸다. 더욱이 그것은 외부의 모습뿐만 아니라 내부의 공간까지도 여러 가지 측면에서 비교적 자세하게 보여주는 경우가 단 한 번의 예외, 즉 고르차코프의 아내가 잠을 자다가 그녀의 이름을 부르는 소리를 듣고 잠에서 깨어 밖으로 나가는 장면을 제외하고는 거의 없다.[16)]

이런 점에서 고르차코프의 러시아 고향집은 한편으로는 다각적이라기보다는 일면적이고, 구체적이라기보다는 추상적이며, 역동적이라기보다는 매우 정태적이다. 다른 한편으로, 그것은 러시아의 긍정적인 문화적 가치들, 즉 "흙, 모성, 가족, 가정, 인내심, 정신성이라는 영원한 가치들"을[17] 표상하는 중요한 상징적 기호로 작용한다. 그러나 그것이 영화 텍스트 전체에서 대부분 일상적 삶의 구체적 장소로서가 아니라 문화적 가치의 상징적 기호로서 의미작용을 일으키는 것은 전적으로 다른 공간 이미지들과의 비교나 대비 관계를 통해서다. 다시 말해서, 『노스탤지어』에서 고르차코프의 러시아 고향집 이미지는 그 자체로서는 항상 피동적인 이미지로서 꿈이나 기억 속에 머물러 있지만, 다른 공간 이미지들과의 적극적인 비교나 대비 과정을 거치면서 그 자체의 의미는 물론이고 다른 상대 이미지들의 의미까지도 풍부하게 살아난다. 이와 관련하여, 영화 서사의 주요 지점들에서 중요한 공간 이미지 가운데 하나로 반복적으로 나타나 있는 고르차코프의 이탈리아 호텔과 호텔방은 집의 일반적 의미에서뿐만 아니라 그의 러시아 고향집과의 관계에서도 가장 주목할 만한 대비 공간이다.

실제로, 『노스탤지어』에서 고르차코프가 유제니아와 함께 머물고 있는 호텔은 그의 러시아 고향집과 몇 가지 점에서 현격한 대비를 이룬다. 고르차코프의 러시아 고향집과 그가 머물고 있는 이탈리아 호텔은 러시아와 서방 세계를 각각 대표하는 공간 이미지 가운데 하나이다. 그러나 이것은 두 공간의 직접적인 명시적 대비를 통해서 제시되지 않고 두 문화적 공간의 대표적 인물, 즉 "어머니-러시아"를 상징하는 그의 아내와 이탈리아의 마돈나 상을 상징하는 유제니아의 병렬 배치를 통해 제시된다. 호텔방에서 유제니아는 고르차코프에게 노골적인 성적 암시와 구애의 메시지를 계속 보내지만, 고르차코프는 그런 그녀를 철저히 무시하면서 꿈의 초현실적이고 환상적인 세계를 통해 그의 아내와 러시아 고향집으로 자꾸만 되돌아간다.[18] 여기서 유제니아와 이탈리아의 호텔은 고르차코프가 현실 속에서 완강하게 거부하는 겉으로만 화려하고 아름다운 삶의 천박한 모습과 가치들을 표상하는데,[19] 이런 점에서 타르콥스키가 영화 서사 전반에 걸쳐 시종일관 호텔이나 호텔방의 실내 공간만을 보여주고 있다는 사실은 특히 아니러니하다.

영화의 거의 처음부터 끝까지 그 외면적 모습만이 피상적으로 제시되는 고르차코프의 러시아 고향집과는 달리, 전적으로 실내 공간만 제시되는 이탈리아 호텔은 무엇보다도 익명의 싸늘한 공간으로 특징져 진다. 특히, 고르차코프의 호텔방은 아늑하고 친밀한 분위기를 자아낸다기보다는 차갑고 음울한 느낌을 불러일으키는데, 이런 삭막한 냉기는 빛과 어둠의 잦은 교체, 호텔방 안에까지 스며드는 듯 느껴지는 빗물, 몇 분 동안 지루하게 이어지는 타르콥스키 특유의 롱테이크 기법에 의해 더욱 극대화된다. 이런 점에서 고르차코프의 이탈리아 호텔방은 바슐라르가 말한 바 있는 "인간 존재의 내밀한 공간"이나 "세계의 구석으로서의 집"[20]과는 거리가 멀다. 반대로 그것은 영화 전체에서 묵시적인 비전으로 특징져 지는 현대 사회와 바깥세계의 내면 풍경, 즉 정신적 공허를 직접적으로 드러내 보이는 핵심 이미지로 제시된다. 아름다운 풍경을 자랑하지만 파편화되어 있는 이탈리아에서 자신만의 집을 재창조하고자 하는 고르차코프의 시도에서 호텔방은 반-세계(anti-world)나 집의 가치질서에서 가장 부정적인 양상들을 드러내 보여주는 한편으로, 동시에 지금 여기의 현실에 부재하는 그의 러시아 고향집의 의미를 상대적으로 강하게 부각시키는 핵심 기능을 담당한다.

여기서 더욱 중요한 사실은 이전까지는 외면적 모습만 제시되던 고르차코프의 러시아 고향집이 바로 장면에서는 그의 꿈속에서 침실에 누워있는 그의 아내와 함께 처음으로 그 내부의 모습을 잠시나마 보여준다는 사실이다. 이런 식으로 드러나는 러시아 고향집의 내부는 전작 『거울』에서 볼 수 있는 다차의 실내 풍경과 부분적으로 매우 흡사하다. 존슨과 페트리가 이미 지적하고 있듯이, 그것은 무엇보다도 먼저 부부애의 친밀한 공간이자 자궁을 연상시키는 여성적, 모성적 공간이다.[21] 특히, 고르차코프가 꿈속에서 보는 그의 임신한 부인이 침대 위로 떠오르는 모습은 성적 황홀경을 암시하면서 이 방이 내밀한 접촉의 공간이라는 점을 다시 한 번 강조해준다.[22] 이런 점에서도 현실 속 호텔방은 꿈속 러시아 고향집의 실내와 현저한 대비를 이룬다. 왜냐하면 이 방은 유제니아의 도발적인 성적 암시와 침입이 고르차코프에 의해 완강하게 거부되는 정신성과 친밀성이 결여된 속된 공간인 반면에, 그의 고향집은 그가 바슐라르 식으로 "몽상 속에서 과거의 친밀성을 되찾으려고 하는"[23] 성스런 공간이기 때문이다. 러시아 고향집과 호텔방의 대립적 의미는 또한 각 공간의 대표자라 할 수 있는 두 여성의 말과 소리에 담긴 감정에 의해서도 뚜렷하게 부각되는데, 꿈속 러시아 고향집은 '침묵의 소리'나 고르차코프와 그의 부인이 서로를 부르는 '조용하고 다정다감한 소리'로 특징져 지는 반면, 현실 속 호텔방은 '히스테리'에 가까운 유제니아의 외침 소리가 압도한다.

꿈이나 기억의 과거 시간 속에서만 등장하는 고르차코프의 러시아 고향집이 현실 속의 호텔방과 의미론적 대비를 이루면서 '집과 유사(類似) 집'이라는 대립의 주제를 형성하고 있다고 한다면, 과거와 현재 속에서 각기 다른 모습과 의미를 드러내는 도메니코의 집들은 주제적인 측면에서 세계와의 단절과 반목으로부터 조화와 통합으로 전환해 가는 그의 정신적 탐색의 궤적에서 중요한 위치를 차지한다. 영화 서사의 전반부에서 우리는 도메니코가 타락한 문명사회로부터 그의 가족을 보호하고 세계의 종말에서 구원을 달성하기 위해 가족을 7년 동안 집안에 유폐시켜놓았다는 이야기를 듣는다. 처음엔 겉으로 드러나지 않고 이야기의 차원 속에 감춰져 있는 도메니코의 첫 번째 집은 도메니코 자신의 회상을 통해서인지 그 이야기를 들은 고르차코프의 상상을 통해서인지 알 수 없는 모호한 형식을 통해 두 차례에 걸쳐 그 모습을 드러낸다. 여기서 흥미로운 점은 고르차코프의 러시아 고향집과 마찬가지로 도메니코의 집 역시 회상의 형식을 통해서만 제시되고 있을 뿐만 아니라 그 내부의 모습은 전혀 노출하지 않고 외면만 드러내고 있다는 사실이다. 더욱이, 흑백 화면으로 제시되는 육중한 느낌의 도메니코 집의 외관은 한편으로는 호텔방의 정경과 마찬가지로 현대사회의 비극적 단면과 암울한 분위기를 증폭시키고, 다른 한편으로는 세계를 향해 굳게 닫혀 있다는 인상을 강화시킨다.

자신의 가족을 집안 깊숙이 유폐시킴으로써 바깥 세계와의 절대적 단절을 시도한 도메니코의 이기적이고 비인간적인 행동은 세계로부터 단순한 도피나 은둔만으로도 종말을 앞둔 세계로부터 구원을 달성할 수 있다는 단순하고 편협한 관념의 직접적이고 구체적인 표현에 다름 아니다. 도메니코의 이와 같은 관념의 편협성은 특히 공간의 폐쇄성에 의해 굳게 뒷받침되는데, 이런 의미에서 그의 집은 삶의 장소라기보다는 고립의 장소이며, 가족의 유대감이 강화되는 친밀한 공간이라기보다는 불안과 공포가 엄습하는 공간이다.

이와는 정반대로, 도메니코의 두 번째 집은 세계에 대한 그의 인식 수준에서 일어나는 새로운 국면을 반영해 보여준다. 왜냐하면 그것은 세계로부터의 단절이나 고립이 아니라 세계를 글자 그대로 그 안에 품어 받아들이고 있기 때문이다. 안과 밖의 유기적 통합으로 특징져 지는 도메니코의 두 번째 집은 그 마루에 이끼가 자라고 사방에서 물이 흐르고 있거나 흘러내린다.[24] 이렇게 바깥 세계의 요소들이 집안의 대상들과 공간을 공유하는 특이한 실내 풍경은 "하나 더하기 하나는 둘이 아니라 그 둘이 모여 좀 더 큰 하나를 형성한다"라는 도메니코의 새로운 관념을 반영하는데, 이것은 집 벽에 그려져 있는 "1+1=1"의 공식에 그대로 집약되어 있다. 이런 면에서, 도메니코의 두 번째 집은 하나의 주거 장소라기보다는 안팎의 단순한 이분법적 대립을 극복하면서 세계와의 유기적 접촉과 조화를 지향하는 도메니코의 새로운 추상적 관념의 세계를 현실 속에 축조해 놓은 것으로 볼 수 있다.

집의 주제와 관련하여 영화 『노스탤지어』에서 가장 특징적인 양상 가운데 하나는 도메니코의 경우에서처럼 바깥 세계와의 갈등이 되었든 고르차코프의 경우에서처럼 이방인으로서 이탈리아에서 겪는 다양한 형태의 "문화적 차이"[25]가 되었든 그런 갈등이나 차이를 극복하는 과정이 항상 집을 중심으로 펼쳐진다는 사실이다. 이 점에서 특히 흥미로운 사실 한 가지는 유제니아가 이탈리아 안에서도 남부와 북부 사이에 "문화적 장벽들"이 가로놓여 있다고 고르차코프에게 설명하면서, 이탈리아 남부 칼라브리아 출신의 하녀가 고향에 대한 사무치는 그리움에 시달리던 끝에 북부 밀라노의 주인 집에 불을 지른 사건에 대한 신문 기사를 들려주는 대목에서 찾아볼 수 있다. 영화 텍스트의 서사에서 현재적 사건으로 제시되는 대신에 신문 기사를 통해 과거의 한 사건으로 인용되고 있는 이 일화는 집의 주제와 관련하여 두 가지 점에서 중요한 연결 고리로 작용한다. 첫째, 자신이 고용되어 있는 밀라노의 주인집이 자신의 귀향에 장애가 된다고 생각하고 이 집에 불을 지름으로써, 다시 말해서, 집을 제거함으로써 여기에서 벗어나 고향으로 돌아갈 수 있다는 칼라브리아 출신 하녀의 순진한 인식은 타락한 세계와 그 종말로부터 자신의 가족을 집안 깊숙이 유폐, 격리시킴으로써 구원을 얻을 수 있다는 도메니코의 단순하고 이기적인 인식 수준과 부정적 차원에서 의미론적 평행관계를 이룬다. 집에 불을 지르고 집안에 가족을 유폐시키는 칼라브리아의 하녀와 도메니코의 행동은 그들이 바라는 결과를 가져다주기는커녕 오히려 그들을 파멸적 상황으로 몰아넣기 때문이다.

다음으로, 과거의 현실에서 일어났던 칼라브리아 하녀의 주인집 방화 사건은 『노스탤지어』의 마지막 장면에서, 다시 말해서, 고르차코프의 죽음 이후인 미래의 초월적 차원에서 제시되는 각기 다른 두 공간의 유기적 통합과 의미론적 대칭관계를 이룬다. 전혀 다른 차원의 크로노토프로 창조된 마지막 장면의 의미에 대해 타르콥스키는 "주인공[고르차코프]의 내면 상태에 대한 하나의 모델, 즉 더 이상 지금까지의 방식대로 살 수 없게 만드는 그의 내면의 분열 상태에 대한 모델"로도 볼 수 있고, 동시에 "이탈리아 토스카나 지방의 언덕과 러시아의 시골이 유기적으로 합쳐지는 그의 새로운 전체"[26]로도 볼 수 있다고 말한다. 하지만 집의 주제와 관련하여 말하자면, 하녀의 주인집 방화가 실질적인 집의 파괴로서 그녀의 귀향을 보장해주기보다는 파멸적 상황을 가리키는 것과는 대조적으로, 이 장면에서 두 공간의 통합은 존재의 초월적 차원에서 새로운 의미의 집의 창조로서 "인간 존재와 사물들이 자연적이고 유기적인 통일을 이루는" "영혼의 본향"[27]으로의 귀향을 상징한다. 더욱이, 여기서 이뤄지는 두 공간의 절묘한 수직적 병치는 이전의 다양한 수평적 대립들뿐만 아니라 "문화적 차이들"까지도 조화로운 통합으로 수렴하면서 궁극적으로는 "하나 더하기 하나는 둘이 아니라 커다란 하나"라는 영화의 내적 논리로 발전한 도메니코의 공식을 다시 한 번 강조해준다. 이런 점에서, 마지막 장면에 다시 등장하는 고르차코프의 러시아 고향집은 관례적 의미의 집으로 더 이상 머물지 않고, 이 장면에 새롭게 창조된 조화와 통합의 공간이라는 더 큰 의미의 집 속에 유기적인 한 부분으로 융해된다고 할 수 있다.

"모든 길은 집으로 통한다"라는 블라디미르 나보코프(Vladimir Nabokov)의 표현처럼 타르콥스키가 걸었던 영화 여정도 많은 부분에서 "집으로 통한다"고 해도 과언이 아닐 것이다. 실제로, 그의 주요 작품들에서 타르콥스키는 자신의 개인적 기억과 불가분의 관계에 있는 집의 이미지를 서정적 분위기와 목가적 풍경 속에서 일관되게 보여준다. 이때 집은 대부분 우리 존재의 근원과 잇닿아 있는 신성한 공간으로서의 의미를 갖는다. 집 이미지의 이와 같은 특징은 이상에서 살펴보았듯이 『노스탤지어』에서도 분명하게 찾아볼 수 있는데, 그것은 꿈이나 기억 속에서만 제시되는 주인공 안드레이 고르차코프의 러시아 고향집을 통해서 가장 잘 드러난다. 특히, 타르콥스키의 다른 주요 작품들에서와 마찬가지로 이 작품에서도 집은 영화 텍스트의 시작과 끝을 장식하는 핵심 이미지로서 제시된다. 그러나 다른 한편으로 타르콥스키는 다른 작품들에서와는 사뭇 다르게 고르차코프의 러시아 고향집 이외에도 이것과 비교나 대비를 이루는 다른 집 혹은 유사(類似)집의 이미지들을 함께 보여줌으로써 집의 의미 공간을 한층 더 확장, 심화시킨다. 고르차코프가 머무는 이탈리아 호텔(방), 그의 분신이라고 할 수 있는 도메니코의 과거와 현재의 집, 영화 속에서 신문 기사의 인용으로서만 간단히 언급되는 칼라브리아 하녀의 주인집 등이 도메니코의 고향집 이미지와 긴밀한 의미론적 역학관계를 형성하는데,『노스탤지어』가 집의 주제면에서 타르콥스키의 다른 작품들과 뚜렷하게 구별되는 변별적 특징은 바로 여기에 있다.

타르콥스키의 영화 여정에서 이렇게 두드러지게 나타나는 집의 이미지와 주제는 또한 그의 영상 미학에서 현저한 특징 가운데 하나를 이루는 탁월한 공간 구성 기법을 통해 구체화된다. 이런 점에서,『노스탤지어』의 마지막 장면에 나오는 두 공간의 절묘한 병치는 집의 주제화와 공간 구성 원리의 정점이라 할 수 있다. 특히, 이탈리아 성당과 고르차코프의 러시아 고향집을 영화 공간의 수직축 위에 중첩시켜 보여주는 것은 타르콥스키의 공간 구성 기법의 결정판으로서, 그가 이 영화를 통해 전달하고자 하는 메시지와 불가분의 관계에 있다. 왜냐하면 이것은 우리가 잃어버린 신화적 질서와 조화의 세계, 혹은 우리 "영혼의 본향"에 대한 은유적 이미지의 구축에 다름 아니기 때문이다. 타르콥스키가 영화 서사 전반에 걸쳐 시종일관 다양한 시공간적 대립 관계들을 병렬 제시하다가 마지막 순간에 가서 수직적 통합관계로 전치시키는 이유도 여기에서 찾을 수 있다.

17장

톨스토이는 어떻게 시각화되었는가? 톨스토이 삶의 영화적 재구성

17장

톨스토이는 어떻게 시각화되었는가?
톨스토이 삶의 영화적 재구성

러시아에서 영화가 문학을 수용한 역사는 러시아 영화사와 거의 동일한 시간적 분량을 지닌다. 이러한 사실은 러시아 영화사 최초의 극영화로 평가되는 블라디미르 로마시코프(Владимир Ромашков)의 『스텐카 라진』(Стенька Разин, 1908)에서부터 이국적 의상이나 화려한 세팅 등 러시아 낭만주의 문학의 요소들이 적극적으로 도입되었다는 점으로 분명히 알 수 있다.[1] 특히 초창기 러시아 영화에서 톨스토이의 『어둠의 힘』(Власть тьмы, 1909), 도스토옙스키의 『백치』(Идиот, 1910), 푸시킨의 『스페이드의 여왕』(Пиковая дама, 1910) 등 19세기 러시아 고전 문학에 대한 관심은 제작 환경의 제약성과 제작 집단의 창의성 사이의 긴장 관계 속에서 더욱더 고조되었다. 이처럼 100여 년 역사의 러시아 영화는 초창기부터 러시아 문학을 풍부한 창조적 원천으로 삼아 그로부터 좋은 서사 내용과 스토리텔링 방식 등을 폭넓게 수용했다.

더욱이 문학 작품을 각색한 초창기 러시아 영화는 교양이 부족한 관객에게 예술적 기념비의 중요성을 소개하는 교육적 기능만 담당하는 데 그치지 않고 그중에서 최고 작품은 러시아 영화 예술 발전에 진정으로 이바지하기도 했다.[2] 이뿐만 아니라, 가장 최근 러시아 문학 작품의 영화화 붐에서 알 수 있는 것처럼, 러시아 문학과 영화의 만남은 서사 내용과 서술 방식, 시점 구성 등 다양한 차원에서 지금도 활발하게 진행되고 있고 '하이브리드 문화' 등 새로운 문화 현상들의 확산에도 일조하고 있다.[3] 따라서 러시아 문학과 영화의 관계는 현 시점에서 어떤 식으로든 심도 깊게 논의할 필요가 있는데, 그럴 때 특별한 관심과 분석 대상은 톨스토이의 삶(과 문학)이 될 수 있을 것이다. 톨스토이는 다음과 같이 생존 당시 이미 문학과 영화의 관계에 대해 누구보다도 진지하게 고민했을 뿐만 아니라, 세계 문학사를 통틀어 유일하게 생존과 사망 당시는 물론이고, 사후에도 그의 삶(과 문학)이 영화를 통해 끊임없이 시각적으로 재구성되었기 때문이다.

첫째, 톨스토이는 당대 작가들 중에서 영화라는 새로운 매체의 출현에 대해 가장 활발하게 발언했다는 사실로써 러시아 문학과 영화의 관계 안에서 각별한 주목을 요한다. 무성영화를 가리켜 "위대한 벙어리"(великоей немой)[4]라고 표현했던 톨스토이는 영화에 대해 일찍부터 남다른 관심을 표명하며 적극적 반응과 진지한 의견을 내놓았다. 실제로, 작가의 서거 이후 장례 장면 촬영을 조직하기도 했던 이삭 테네로모(Исаак Тенеромо)와 가진 인터뷰에서 톨스토이는 영화가 "작가들의 삶에서 혁명"을 가져올 것이라고 예견하면서 "글쓰기의 새로운 형식이 필요할 것"이라고 말했다. 이어서 그는 영화 "장면들의 빠른 교체"가 마음에 든다고 하면서 "이것이 우리에게 익숙한, 무겁고 질질 끄는 글쓰기보다 훨씬 더 낫고" "삶에 더 가깝다"[5]고 평가했다.

이와 함께 톨스토이는 영화가 사업가들의 손에 놀아나면서 예술을 죽이고 있다는 테네로모의 말에 "사업가들이 없는 곳은 없다"라고 반박하면서 영화의 상업성을 무턱대고 비판만 하지도 않았다. 또한 그는 동료 작가 레오니드 안드레예프(Леонид Андреев)와 가진 대담에서 "영화에 대해 줄곧 생각했다"라고 밝히면서 "영화가 러시아 생활의 아주 다양한 모습들을 있는 그대로 형상화해야 한다"고 주문했고 "영화 장면들을 15개까지도 쓸 수 있다"[6]고 주장했다. 이와 동시에 그는 기술적으로 중재되는 지각 방식에 민감하게 반응하면서 카메라가 영화를 찍듯이 소설을 쓰려고도 시도했다.[7] 이처럼 영화의 새롭고도 무한한 잠재적 가능성을 일찌감치 간파했고 영화 시대에 부응하여 새로운 글쓰기 방식까지도 진지하게 모색했다는 점에서 톨스토이는 러시아 문학과 영화의 관계 안에서 누구보다도 특별한 위치를 차지한다고 할 수 있다.

둘째, 톨스토이는 1910년 11월 20일 사망 이후뿐만 아니라 사망 당시와 직전에도 세계적 거장이자 명사로서 그의 비범한 삶이 영화 매체를 통해 시각적으로 (재)구성, 재생산되어 많은 사람의 뇌리에 더욱 깊이 각인된 세계 최초이자 유일한 작가로서 중요한 문화사적 의의를 지닌다. 1908년 생존 당시 이미 톨스토이는 알렉산드르 드란코프(Александр Дранков)가 만든 러시아 최초의 다큐멘터리 영화 『레프 톨스토이』(Лев Толстой)에서 시각 이미지로 재구성되어 세간의 이목을 사로잡았다. 또한 그는 1910년 사망 당시 그의 장례식을 찍은 영화 『Л.Н. 톨스토이의 장례식』(Похороны Л.Н Толстого)과 1912년 야코프 프로타자노프(Яков Протазанов)의 영화 『위대한 장로의 서거』

(Уход великого старца)를 통해 잇따라 시각적으로 재구성되었다. 이후에도 톨스토이는 에스피르 슈브(Эсфирь Шуб)의 『니콜라이 2세의 러시아와 레프 톨스토이』(Россия Николая II и Лев Толстой, 1928)에서 작자 미상의 『레프 톨스토이』(Лев Толстой, 1954), 세르게이 게라시모프(Сергей Герасимов)의 『레프 톨스토이』(Лев Толстой, 1984), 미하일 오시퍈(Михаил Осипьян)의 『12호 열차의 승객』(Пассажир поезда No.12, 1999), 마이클 호프만(Michael Hoffman)의 『마지막 정거장』(The Last Station, 2009) 등에 이르기까지 끊임없이 영화화되었다.[8)]

이처럼 톨스토이 삶의 영화화는 영화사 거의 전체를 아우를 정도로 오랜 역사와 전통을 갖고 있다. 그러나 톨스토이(와 그의) 삶이 어떤 시대적 맥락이나 배경, 이념적 목적이나 지향 속에 계속 호명되어 영화화되었는지를, 또 그러한 영화화 작업이나 영화 작품에 담겨 있는 문화적 의미나 미학적 특성 등을 체계적으로 심도 있게 연구한 사례는 현재까지 매우 드물다.[9)] 그러므로 톨스토이의 삶이 지금까지 100여 년에 걸쳐 영화 매체를 통해 어떻게 시각적으로 재구성되어 왔는지를 밝혀보는 작업은 그의 삶이 당대 회화나 사진 속에 어떻게 나타나 있는지를, 다시 말해 어떻게 시각적 이미지로 재구성되어 있는지를 심층적으로 분석한 가장 최근의 연구[10)]와 비교해볼 때도 그의 서거 100주년을 맞이한 시점에서 매우 시의적절하고 의미 있는 연구가 될 수 있을 것이다.[11)]

이러한 상황적 인식에서 출발하여 이 글에서는 톨스토이 삶의 영화화 작업을 러시아 영화사의 중요한 일부로 간주하면서 먼저 야코프 프로타자노프의 다큐멘터리 영화 『위대한 장로의 서거』를 중심으로 초창기 러시아 영화에 나타난 톨스토이 삶의 시각적 재구성에 담긴 영화 문화사적 배경과 미학적 특수성을 살펴본다. 『위대한 장로의 서거』는 톨스토이 삶의 시각적 재구성 역사 자체에서만 아니라 초창기 러시아 영화사 내에서도 몇 가지 독특한 재현 방식으로 가장 주목할 만한 작품 가운데 하나이기 때문이다. 다음으로는 러시아 영화사 100여 년에 걸쳐 끊임없이 진행된 톨스토이 삶의 영화화 작업 중에서 유일하게 순수한 극영화 작품이지만 현재까지 거의 연구되지 않은 세르게이 게라시모프의 『레프 톨스토이』에 나타난 미학적 특성을 본격적으로 분석해본다. 이 영화에서 게라시모프는 무엇보다도 톨스토이가 문학 창작을 통해서 보여주었던 '낯설게 하기' 기법을 그의 삶에 대한 시각적 재구성 작업에 적용하고 있기 때문이다.

영화-성자전(кино-житие): 프로타자노프의 『위대한 장로의 서거』

19세기 말과 20세기 초 사이에 "매스 미디어의 각광을 받은 최초의 국제적 유명인사(celebrity) 가운데 한 사람"[12]으로서 톨스토이의 생존 모습은 사진 카메라에는 물론이고 영화 카메라에도 종종 포착되곤 했다. 특히 새로운 매체로 등장한 영화에 남다른 관심을 표명했던 톨스토이는 영화 카메라 앞에 직접 나서는 것도 마다하지 않았고 심지어 그것을 은근히 좋아하기도 했다. 그러나 1908년 "파파라치의 아버지"[13]로 불리는 알렉산드르 드란코프가 톨스토이의 80세 생일에 맞춰 그를 주인공으로 하는 영화를 제작하고 싶다는 의사를 타진했을 때, 톨스토이는 이 제안을 일언지하에 거절했다. 그럼에도 생애 말년 톨스토이의 모습은 결국 드란코프의 영화 필름에 담기게 되는데, 이는 그의 부인 소피야 안드레예브나(София Андреевна)가 톨스토이의 양해를 구하지 않고 드란코프에게 그(들)의 모습을 몰래 촬영할 수 있게 허락했기 때문에 가능했다.

다시 말해 평소 톨스토이뿐만 아니라 자기 자신까지도 미디어에 노출하는 일에 열성이었던 소피야 안드레예브나는 드란코프가 야스나야 폴랴나의 화장실에 몰래 들어가서 그 문틈으로 톨스토이의 모습을 카메라 필름에 생생하게 담을 수 있게 해주었다. 곧이어 드란코프의 필름은 신속한 편집을 거쳐 『레프 톨스토이』라는 영화로 제작, 상영되었고 상업적 흥행에 대성공했다.[14] 여기서 알 수 있듯이, 톨스토이의 삶을 최초로 영상 이미지에 시각화한 드란코프의 다큐멘터리 영화는 단편적 수준에 머무는 것이었을지라도 톨스토이의 거장성과 대중성을 최대한으로 이용한 상업적 계산에서 나온 것이었다. 요컨대, 이 영화는 일종의 '몰래 카메라'로 세계적 명사의 일상 모습을 있는 그대로 담아 보여줌으로써 그를 향한 대중적 호기심에 철저하게 영합했다. 이렇게 비밀 촬영되어 '상품화된' 톨스토이의 시각 이미지에서 짐작할 수 있는 것처럼 드란코프의 영화 작업은 오늘날 유명인사 주변에서 흔히 볼 수 있는 파파라치 문화의 효시로 평가할 수 있다. 1910년 톨스토이 사망 직후 만들어진 다큐멘터리 영화 『Л.Н. 톨스토이의 장례식』도 그와 비슷한 맥락에서 파악하고 이해할 수 있다. 프랑스 영화사 '파테'(Pathe)가 제작한 이 영화 역시 국제적 명사의 가출에 이은 객사로 더욱더 고조된 대중적 관심을 겨냥한 상업적 타산에서 치밀하게 기획된 것이기 때문이다.[15]

그러나 2년 뒤에 나온 야코프 프로타자노프의 『위대한 장로의 서거』는 톨스토이(즘)의 상업적 이용과는 사뭇 다른 맥락에서 제작되었다는 점에서 여러모로 중대한 의미를 갖는다. 역사적 사실과 허구적 연출을 적절하게 배합한 이 영화를 통해 프로타자노프는 톨스토이 삶의 시각적 재구성에서 처음으로 인간적 면모와 성자적 후광을 두루 아우르며 톨스토이 삶의 복잡 미묘했던 양상과 다층적인 의미를 흥미롭게 보여주고 있기 때문이다. 약 30분에 걸친 이 영화에서는 특히 헐벗고 가난한 민중에 대한 애정 어린 관심과 따뜻한 태도 등 톨스토이의 인간적 면모와 실천적 행보가 부인 소피야 안드레예브나와의 가정불화, 재산분배, 유산상속 등을 중심으로 일련의 대립 구도 속에 제시된다. 특히 민중과의 관계에서 돋보이는 톨스토이의 박애정신은 영화 마지막 장면에서 사후 톨스토이가 예수 그리스도의 품안에 안기는 모습을 통해 명시화되는 성자적 이미지로 수렴되고 있는데, 이는 프로타자노프가 시도하는 톨스토이 삶의 시각적 재구성에서 의미론적 핵심 부분을 형성한다.

이와 관련하여 가장 먼저 주목해야 할 것은 프로타자노프가 거장 톨스토이의 서거를 기념하여 그의 삶을 영화로 만들었던 개인적 동기와 문화사적, 영화사적 배경이다. 1911년에서 1945년까지 30여 년에 걸친 영화 이력에서 프로타자노프는 예술적 영감의 원천과 정신적 탐색의 실천을 그 누구보다도 톨스토이의 삶과 문학에서 찾았다. 이것은 특히 1911년 그의 영화 인생의 출발점이 되었던 해부터 1918년 러시아 혁명 직후 고국을 등지고 외국으로 떠나기 직전까지 프로타자노프가 제작한 영화 대부분에서 다름 아닌 톨스토이의 삶과 문학이 영화적 상상력의 원천 자료가 되었다는 사실에서 분명하게 찾아볼 수 있다. 구체적으로 말하자면, 3단계로 구분할 수 있는 프로타자노프의 영화 이력에서 제1단계를 이루는 이 기간에 『최초의 양조업자』(Первый винокур, 1911), 『위대한 장로의 서거』(1912), 『장미는 얼마나 멋지고 신선했던가』(Как хороши, как свежи были розы, 1913), 『악마』(Дъявол, 1914), 『전쟁과 평화』(1915), 『가정의 행복』(Семейное счастье, 1916), 『세르기 신부』(Отец Сергий, 1918) 등이 거의 1년 차이로 나왔는데, 매우 흥미롭게도 이들은 모두 톨스토이의 원작 소설을 각색하여 만든 영화이거나 그의 삶을 직·간접적으로 다룬 영화이다.[16] 게다가 이들 작품에는 선과 악, 정신과 육체, 구원과 타락 등 인간 삶의 근본 문제들과 관련된 프로타자노프의 정신적 탐색과 윤리적 관심이 뚜렷하게 반영되어 있었다.

이처럼 톨스토이를 자신의 창조적 원천이자 정신적 지주로 삼았던 프로타자노프의 영화와 관련하여 더욱더 의미심장한 대목은 그가 톨스토이 사망 2년 후에 만든『위대한 장로의 서거』를 통해 거장의 상징적 부활을 시각적으로 분명하게 보여주었다는 점이다. 달리 말하자면, 프로타자노프는 치밀한 사전 준비와 독특한 재현 방식으로 톨스토이의 삶과 죽음을 시각 이미지로 재구성한 영화 예술 상상력의 새로운 세계를 관객 앞에 펼쳐 보였다. 이것은 그가 1910년 톨스토이의 서거 훨씬 이전부터 그에 관한 영화를 진지하게 구상하고 치밀하게 준비했다는 사실에서부터 가장 먼저 찾아볼 수 있다. 실제로, 프로타자노프는 1901년 톨스토이가 신성종무원에 의해 정교회에서 축출되었던 때부터 그의 파문 전후 상황과 관련된 각종 자료를 폭넓게 수집하고 그의 만년 삶을 예의 주시하면서 그에 관한 이야기를 준비하기 시작했다. 이후 1910년 톨스토이가 서거하고 나자 프로타자노프는 곧바로 그에 관한 영화, 다시 말해『위대한 장로의 서거』 제작에 착수했다. 이런 식으로 그는 기존의 톨스토이 관련 필름들을 적절하게 사용하여 일관성 있고 자연스러운 흐름의 이야기 한 편을 창조했다. 그는 새로운 영화 매체가 제공하는 편집기

술을 최대한으로 활용했는데, 이것은 초창기 러시아 영화에서 보기 드문 혁신이었다.

프로타자노프가 『위대한 장로의 서거』에서 보여준 창조적 혁신성은 영화라는 신생 예술에 과거의 전통 예술, 다시 말해 중세 문학의 성자전 요소를 적극적으로 도입하여 '영화-성자전'(кино-житие)이라는 참신한 영화 예술 형식을 러시아 영화사 최초로 개척했다는 데서도 찾아볼 수 있다. 당시 프로타자노프가 톨스토이 삶을 영화 매체의 시각 이미지로 새롭게 재구성한 중요한 이유 가운데 한 가지는 흥미진진한 이야깃거리와 함께 교훈적·교육적 목적을 추구했던 초창기 러시아 영화의 지배적 경향에 톨스토이의 비범한 삶(과 죽음)이 안성맞춤이라고 판단했기 때문이다. 실제로 프로타자노프의 영화에서 톨스토이의 모습은 성자전 문학에서 흔히 볼 수 있는 것처럼 번민과 고뇌, 갈등과 충돌의 일상적, 세속적 삶에서 참회와 화해, 희생과 부활의 초월적, 천상적 삶으로 변화하는 과정으로 묘사된다.

그림 1: 톨스토이 앞에 나타난 여자 수도승 그림 2: 톨스토이의 자살 기도 이와 관련하여 가장 의미심장한 대목은 수난에서 구원으로 이어지는 전체 과정에서 톨스토이가 갑자기 자살을 기도하는 장면이다. 이 장면은 정확히 영화 서사 중간 지점에서 제시되는데, 자살 직전 책상에 앉아 유언장을 쓰고 있는 톨스토이 옆으로 검은 승복을 입은 여자 수도승이 환상적 분위기 속에 홀연히 나타나 기도를 하고 사라진다. 그러나 이 여자 수도승은 톨스토이가 목을 매어 죽고 싶은데 자기 뜻대로 죽지도 못한다고 불평하듯이 몸짓하자 그 앞에 곧 다시 나타나 하늘을 가리키면서 하나님의 존재를 일깨우고 자살의 죄악성을 꾸짖으며 그의 자살을 막는다. 이러한 내용의 자살 장면은 특히 서사 중간에 배치되어 있다는 점으로뿐만 아니라

현실과 초현실의 중첩이라는 '이중제시' 기법을 사용하고 있다는 점으로도 서사 구조와 재현 방식 두 측면 모두에서 중대한 역할을 담당한다.

영화 서사의 중간 지점에 위치하는 톨스토이의 자살 기도 장면은 무엇보다도 먼저 그의 만년 삶에서 일어나는 극적 대전환을 예고하는 기능을 수행한다. 실제로, 여자 수도승의 개입과 중재로 자살 기도가 좌절된 직후 톨스토이는 프로타자노프가 중간 자막으로 "정신적 전환점—야스나야 폴랴나로부터 떠남"이라고 설명하고 있는 것처럼 가출을 전격적으로 단행한다. 이후 톨스토이의 행보는 그의 누이가 있는 수도원 방문에서 아스타포보 기차역까지 이어지는데, 이러한 수평적, 물리적 이동은 운동이 멈추는 마지막 서거 장면에 가서 수직적, 정신적 상승으로 전환된다. 영화 마지막 장면들에서 볼 수 있듯이, 서거 직후 톨스토이는 천상으로 올라가 예수 그리스도의 품안에 안기는데, 이처럼 육체에서 정신으로, 일상에서 추상으로, 지상에서 천상으로 바뀌는 수직 상승 운동, 즉 환상적 초현실 분위기 속의 사후 부활 장면은 서사 중간 지점의 자살 기도 장면에 여자 수도승이 등장하여 하늘을 가리키는 모습 속에 예시되어 있었다.

그림 5: 얀 스티카의 <파문>에서 그리스도의 품안에 안기는 톨스토이 그림 6: 사후 부활 장면에서 그리스도의 품안에 안기는 톨스토이 재현 기법의 측면에서 볼 때도 톨스토이의 자살 기도 장면은 마지막에 나오는 천상의 부활 장면을 예비하는 기능을 수행하고 있다는 점에서 중요하다. 이고리 스미르노프가 지적하고 있듯이, 다름 아닌 이 장면에서부터 일상 현실 속에 침투하는 "2차적 현실"을 시각화하는 기법이 적용되기 시작하여 천상 부활의 마지막 장면까지 계속 이어진다.[17] 실제로 바로 이때부터 추상적, 정신적, 기적적

세계가 물리적, 육체적, 일상적 세계와 뚜렷한 경계 구분 없이 자연스럽게 교체되거나 중복되어 제시된다. 이처럼 19세기 말과 20세기 초 러시아 상징주의 미학에 지배적이었던 현실과 초현실의 중첩 혹은 '이중제시' 기법을 통해서 프로타자노프는 톨스토이의 사후 상징적 부활을 영화 이미지로 시각화했다. 특히 사후 천상에서 톨스토이가 예수 그리스도를 만나 품안에 안기는 장면에서 프로타자노프는 만년의 톨스토이와 가까웠던 폴란드 태생의 종교화가 얀 스티카(Jan Styka, 1858~1925)가 그린 회화 작품 '파문'(Отлучение, 1908)을 영화 이미지로 재구성하여 몽환적, 환상적 분위기를 한껏 고조시켰다. 톨스토이의 회화 이미지를 영화 이미지로 변환하는 이러한 재현 기법은 톨스토이 삶의 영화적 재구성 역사에서 볼 때뿐만 아니라 초창기 러시아 영화사에서 볼 때도 가장 주목할 만한 미학적 실험 가운데 하나로 높이 평가할 수 있다.

이와 같은 방식으로 프로타자노프가 톨스토이의 삶을 영화의 시각 이미지로 재구성하는 과정에서 보여준 톨스토이의 성자화는 한편으로 영화사적 측면에서 볼 때 초창기 러시아 영화가 종교 문화와 시각 예술의 전통에 굳게 뿌리박고 있었음을 알 수 있다. 이미 언급했듯이, 영화 마지막 장면에서 프로타자노프는 톨스토이가 서거 직후 천상에서 다시 부활하여 예수 그리스도의 품안에 안기는 모습을 제시하는데, 이는 사후 부활을 보여주는 성자전 슈제트의 변주 요소에 다름 아니다. 또한, 그러한 부활 모습을 영화의 시각 이미지로 새롭게 구성하여 전달하는 것은 러시아 시각 예술에서 중요 부분을 형성하는 종교적 '이콘'(икона, 성상화)이나 세속적 '루복'(лубок, 목판화) 전통의 영화 매체적 변용으로도 의미를 갖는다.

한편, 영화 마지막 장면에 제시되는 톨스토이의 천상 부활은 톨스토이가 생존 당시 러시아 정교의 권위주의와 교조주의 등을 신랄하게 비판하는 동시에 새로운 기독교 창설까지 주창하다 정교회로부터 파문당했다는 사실을 고려할 때 문화사적으로도 중요한 의미를 찾을 수 있다. 그의 서거 100주년을 맞이한 시점에서도 파문 방침을 철회하지 않은 러시아 정교회의 입장에서 볼 때 영화 속 톨스토이의 부활 장면은 정교회 파문 결정을 거스르는 공공연한 도전 행위처럼 비춰졌을지도 모른다. 그와 동시에 영화 속에 나타난 사후 톨스토이의 기독교적 성자화는 어쩌면 톨스토이가 살아 있을 때 확고하게 견지했던 종교적 신념 자체, 즉 비제도적, 비관습적, 비교조적 종교 이념과도 배치되는 것일 수 있다. 또한 이러한 관습적 재현 방식은 톨스토이가 자신의 창작에서 익숙하고 상투적인 세계에 대한 '낯설게 하기,' 혹은 '탈자동화' 기법을 통해 보여준 비관습적 예술 인식과 실천에도 어긋나는 것일 수 있다.

이처럼 프로타자노프의 영화 『위대한 장로의 서거』는 톨스토이 서거 이전과 당시에 나온 그의 삶에 대한 시각적 재구성 작업과는 시대적 맥락이나 배경, 이념적 목적이나 미학적 특성 등 많은 점에서 분명한 차이점을 보여준다. 이전 영화들이 국제적 명사로서 톨스토이의 거장성과 대중성을 상품화하는 차원에서 주로 제작되었다고 한다면, 프로타자노프의 영화는 주로 도덕적·교훈적 목적에서 톨스토이의 삶을 시각적으로 재구성했다고 할 수 있다. 특히 프로타자노프의 허구적 상상력이 빚어낸 톨스토이의 영화적 성자화는 러시아 영화와 종교의 문제를 다룰 때 가장 먼저 고려해야 할 작품으로서 중요한 의의를 지닌다.[18] 더 나아가 『위대한 장로의 서거』는 이상에서 살펴본 것처럼 회화와 영화, 종교와 사회의 복잡 미묘한 문화사적 맥락과 혁신적 재현 방식의 측면에서 접근할 때 다면적 해석의 가능성을 열어준다.

그러나 프로타자노프의 영화 이후, 톨스토이는 혁명기의 정치적 격변과 사회적 혼란 속에서 오랫동안 영화 속에 등장하지 않았다. 톨스토이의 모습이 영화의 시각 이미지로 재등장한 것은 1928년 에스피르 슈브(1894~1959)의 『니콜라이 2세의 러시아와 Л.Н. 톨스토이』에서였다. 혁명과 내전, 신정권 심장부의 권력투쟁이 끝나고 스탈린의 문화혁명이 시작되던 무렵에 슈브가 문서보관서 필름을 모아 편집한 이 영화는 영화 탄생 시점부터 1차 세계대전 전야까지의 기간을 포괄한다. 다큐멘터리 편집 전문가였던 슈브가 기존 필름을 재구성하여 만든 이 영화는 톨스토이 탄생 100주년을 기념하기 위한 것이었다. 하지만 1930~40년대 스탈린 시기에는 톨스토이 삶의 영화화가 전혀 이루어지지 않았다.[19] 이러한 상황은 스탈린 우상숭배를 중심으로 한 사회주의 영웅신화 창조가 당대 영화의 주류를 형성했던 문화사적 배경에서 바라볼 수 있는데, 이는 스탈린 사망 직후 해빙기가 시작되기 직전인 1954년에 톨스토이의 삶이 다시 영화화되었던 사실에 비춰볼 때 충분히 이해할 수 있다.

시각적 '낯설게 하기': 게라시모프의 『레프 톨스토이』

그러나 톨스토이의 삶은 1954년 이후 20년 동안 영화 속에 다시 등장하지 않았다. 이 시기에는 그의 삶 대신에 문학이 다시 활발하게 영화로 재구성되었는데, 이러한 새로운 움직임은 1953년 스탈린 사망 이후 일어난 해빙기 문화와 밀접하게 관련되어 있다. 주지하듯이 스탈린 사망 직후 니키타 흐루쇼프의 비밀연설을 신호탄으로 탈

스탈린주의와 함께 해빙의 무드가 조성되면서 러시아 영화의 초점이 집단(성)보다는 개인(성)으로 옮겨지는 등 영화와 문학의 관계도 새로운 국면을 맞이한다. 이러한 변화는 영화계에서 스탈린주의 문화를 대표했던 이반 피리예프(Иван Пырьев)가 1950년대에 들어와서 1930~40년대 유토피아 경향의 스탈린주의 영화에서 벗어나 『백치』(1958) 등 도스토옙스키 소설을 영화화하기 시작한 데서도 잘 드러난다. 흥미롭게도 이와 때를 같이 하여 톨스토이의 문학도 그러한 변화의 흐름 속에서 영화를 통해 새롭게 '부활'한다.

실제로 톨스토이 문학의 영화화는 스탈린 사후 1950년대에 재개된다. 하지만 톨스토이 문학의 영화화가 절정기를 맞이한 것은 1960년대였다. 『부활』(1960)을 필두로 『카자크 사람들』(1961), 『전쟁과 평화』(1967), 『안나 카레니나』(1967) 등 톨스토이의 주요 장편소설이 1960년대에 잇따라 새롭게 영화화되었기 때문이다. 특히 이 시기 톨스토이 문학의 영화화에서 주목해야 할 작품은 1960년대 해빙기 러시아 영화에서 톨스토이 문학의 '부활'을 선도한 영화 『부활』이다. 이 영화는 무엇보다도 원작소설의 예술적 의미에 대한 창조적 해석으로 돋보이는 작품이다. 이 영화에서는 특히 주인공 네흘류도프 형상의 재구성과 함께 새롭게 강조되는 개인의 도덕적 책임감과 윤리적 완결성의 문제가 스탈린 시대 이후 집단적 의식보다는 개인적 양심이나 도덕으로 관심의 초점을 옮긴 해빙기 러시아 영화의 문화적 맥락을 잘 반영한다.

이처럼 해빙기와 침체기의 러시아 영화에서 톨스토이의 삶은 전혀 영화화되지 않았고 그 대신 톨스토이의 문학이 새로운 문화적 흐름 속에서 영화로 재구성되었다. 이후 톨스토이의 삶이 영화 속에 다시 '부활'한 것은 1984년 세르게이 게라시모프의 『레프 톨스토이』를 통해서였는데, 의미심장하게도 이때는 러시아 사회와 문화에 '페레스트로이카'라는 또 다른 자유화 바람이 새롭게 일기 직전이었다. 톨스토이라는 한 개인의 삶을 영화의 시각 이미지로 재구성하면서 이 작품이 보여준 참신한 형식과 주제 구성은 페레스트로이카 시대에 나온 많은 러시아 영화의 자유화 경향성과 창조적 실험성에 부합한다는 점에서 러시아 영화사적으로 일정한 의의를 지닌다.

감독 자신이 주인공 톨스토이 역할을 맡았던 게라시모프의 영화는 과거 톨스토이 삶의 영화화 작업들과는 전혀 다르게 톨스토이의 삶을 재구성한 최초의 순수 극영화로서 몇 가지 돋보이는 형식적 실험을 통해 인간 톨스토이의 내면세계, 정신적 고뇌와 고독에 서사의 초점을 맞추고 있다는 점에서 매우 주목할 만하다. 실제로 영화에서 톨스토이는 그가 봉착했던 근본 문제들과 관련하여 자신의 내면세계를 향해서는 물론이고 스크린 밖의 외부세계를 향해서도 끊임없이 이야기한다. 이는 그가 혼잣말처럼 중얼거리듯 많은 질문들을 자신의 내면을 향해 던지면서도 시선은 화면 밖의 관객을 향해 던지는 장면들에서 자주 나타나는데, 이러한 양방향 시선과 독백적 대화체는 영화의 서사적 구성 방식과 시각적 표현 양식에서 아주 중요한 부분을 형성한다.[20]

이미 언급했듯이, 세르게이 게라시모프(1906~85)의 『레프 톨스토이』는 서거 전과 후에 걸쳐 톨스토이의 삶을 시각 이미지로 재구성한 영화들 중에서 가장 완전한 (최초의) 순수 극영화로서 영화사적으로 큰 의의를 지닌다. 게라시모프 이전에 제작된 영화들은 드란코프의 『레프 톨스토이』처럼 대부분 다큐멘터리였거나 프로타자노프의 『위대한 장로의 서거』처럼 사실과 허구가 결합된 것이었다. 또한, 전 세계에서 가장 오래된 영화학교(모스크바 소재 '게라시모프 전 러시아 국립영화학교')(ВГИК)가 그의 이름을 따서 설립된 데서 알 수 있듯이, 영화 『레프 톨스토이』는 영화배우이자 감독으로서 뿐만 아니라 시나리오 작가로서도 소비에트 영화사에서 큰 비중을 차지했던 게라시모프가 79세를 일기로 사망하기 1년 전 각본을 쓰고 주역을 맡고 작품을 연출했던 사실로써 톨스토이 삶의 영화화 역사와 러시아 영화사 전체에서도 특기할 만한 작품이다.[21)]

이처럼 자신의 마지막 작품으로 남게 된 이 영화에서 게라시모프가 각본 집필, 주역 연기, 작품 연출에 이르기까지 1인 3역을 도맡아 했다는 사실은 그가 톨스토이라는 위대한 인물의 비범한 삶을 영화화하는 데 그만큼 각별한 정성과 노력을 기울였다는 것을 증명한다. 또한, 이러한 사실은 게라시모프가 영화를 통한 톨스토이 삶의 창조적 재구성과 비평적 재해석에 매우 진지하게 임했다는 것을 반증하기도 한다. 배우로서 게라시모프의 용모는 섬세한 분장과 연기를 통해 영화 속 톨스토이의 모습이 현실 속 톨스토이의 모습과 매우 흡사해 보이는 시각적 효과를 발휘했고, 그가 독자적으로 집필한 각본은 톨스토이 삶(과 문학)의 영화화 역사에서 새롭고도 중요한 전환점을 마련해주었다. 마지막으로 게라시모프가 직접 연출(감독)하여 작품을 완성한 것은 그의 영화 창작에 고유한 미학적 독창성을 확립하는 과정에서 결정적 요인으로 작용했다. 이 모든 사실은 1960년 미하일 시베이체르(Михаил Швейцер)의 영화 『부활』을 필두로 해빙기 러시아 영화에서 화려하게 '부활'한 톨스토이 문학의 영화화 붐 이후 한 동안 잠잠했던 톨스토이에 대한 관심을 새롭게 불러일으킨 영화 『레프 톨스토이』에서 게라시모프가 톨스토이의 삶을 창조적으로 재구성하고 비평적으로 재해석하는 작업에 각고의 노력을 기울였다는 것을 잘 뒷받침한다.

이처럼 톨스토이 삶의 영화화를 통해 게라시모프가 보여준 창조적 재구성 작업에서 가장 주목할 만한 특징적 양상 가운데 한 가지는 성자적 톨스토이의 인간화 작업이다. 이는 생존 당시 이미 그의 많은 추종자와 찬미자들 사이에서 살아 있는 성인으로까지 추앙받았을 뿐 아니라, 프로타자노프의 작품에서 볼 수 있는 것처럼, 서거 이후에는 영화를 통해 성자의 이미지로 시각화되기도 했던 톨스토이를 성인화(우상화)하는 일반적 경향에서 탈피하려는 시도나 관습화된 톨스토이와는 사뭇 다른 모습의 톨스토이를 보여주려는 시도에 다름 아니다. 이러한 재현 양상은 영화의 인물 묘사와 서사 구성 등 여러 층위에 걸쳐 발견된다. 특히 인물 묘사의 측면에서 볼 때, 게라시모프는 생존 당시 현실 속에서 흔히 볼 수 있었거나 일반적으로 인식되었던 위인 톨스토이의 성자적, 예언자적 아우라를 제거하거나 극소화하는 대신 평범하게 보이는 범인 톨스토이의 인간적, 자연적 이미지를 극대화한다.

하지만 이러한 인물 묘사 방식은 가출에 이은 서거가 사건 전개의 중심이 되는 제2부 "가출"(Уход)[22]의 장면들에서보다는 제1부 "불면"(Бессонница)의 장면들에서 더 뚜렷하게 나타난다. "불면"이라는 제목이 잘 대변하고 있는 것처럼, 두 부분으로 나누어진 영화의 제1부에서 톨스토이는 밤새 잠을 이루지 못하고 자신의 과거와 현재 삶 속에서 각종 의혹과 번뇌에 휩싸이는 모습이 연달아 제시된다. 그런데 이처럼 제시되는 영화 속 톨스토이에게서 매우 흥미로운 측면은 그가 의혹과 번뇌를 표현하는 내적 독백의 형식 속에 섬약한 듯 병약한 듯 연신 신음 소리를 내거나 목쉰 소리를 내고, (헛)기침을 하며 단속적으로 중얼거리는 모습으로 시종일관 나타난다는 사실이다. 이런 점에서 영화 속의 톨스토이는 진리를 설파하고 사상을 주창하는 현실 속의 강인한 모습과는 사뭇 다른 이미지를 보여준다. 이렇게 인간적, 자연적 모습을 직접 연기하고 연출함으로써 게라시모프는 일반에 널리 유포된 톨스토이의 성자적 면모와 신화적 위상에 대한 관객의 기대지평을 빗겨간다.

특히 이러한 인물 묘사 방식을 통해 묘사 대상이나 내용이 이전에 경험하지 않은 생경한 현상처럼 보이게 함으로써 게라시모프는 빅토르 시클롭스키(Виктор Шкловский)가 톨스토이 특유의 서술 기법 가운데 한 가지를 가리켜 '낯설게 하기'로 규정한 것을 영화의 시각 이미지 속에 구성했다고 볼 수 있다. 이 점은 영화 속에서 불면의 톨스토이가 자신의 과거 실수를 포함한 각종 오류와 오만, 즉 자신의 '불편한 진실'에 대해 인정하며 후회하는 꾸밈없고 진솔한 모습을 관객이 직접 대면하여 그의 참모습을 새롭게 인식하게 하는 연출 기법에서 가장 돋보인다. 이러한 연출은 앞서 지적했듯이 톨스토이가 영화 속 자신의 내면세계와 영화 밖 관객의 외면세계로 양방향 시선을 돌리면서 자기 자신에게 뿐만 아니라 관객에게도 말을 거는 듯한 독백적 대화 장면들에서 자주 나타난다.

이와 관련하여 지적해야 할 것은 게라시모프가 영화 허두에서 인용하는 다음과 같은 톨스토이의 일기 기록이다. "내 주변에서 살고 있는 사람들과는 침묵하는 대신 내 말을 듣게 될 사람들, 시간과 장소에서 멀리 떨어져 있는 그 사람들과만 이야기해야 한다는 사실이 이상하기만 하다."[23] 그의 서거 3년 전인 1907년 10월 26일자 일기에서 인용한 이 기록은 왜 영화 속 톨스토이가 독백적 대화로 자기 자신과 외부 관객을 향해서만 인간 욕망과 오만의 무서운 결과가 무엇인지에 대해 말하고 있는지를 설명해준다. 바꾸어 말하자면, 관객은 자기 자신에게만 아니라 화면 밖 세계를 향해서도 직접 시선을 돌리며 힘겨운 듯 말을 하는 톨스토이의 '낯선' 모습에서 그가 화면 안 세계의 주변 사람들로부터 근본적으로 소외되어 있다는 사실을 나중에 알게 되는데, 이러한 인식의 실마리는 톨스토이의 실제 일기에서 가져온 기록 속에 주어져 있다. 요컨대, 게라시모프는 톨스토이가 실제 현실의 가까운 주변 사람들과는 말을 하지 못하고 미래의 사람들과만 말할 수밖에 없었던 '이상한' 상황이 탐욕과 오만에 의한 인간 소외에서 비롯되었다는 것을 자기 자신과 관객을 향하는 톨스토이의 양방향 시선과 독백적 대화를 통해 연출한다.

이렇게 톨스토이의 만년이 불면과 고독, 소외의 '이상한' 상황이 된 것은 근본적으로 인간관계와 인간 자체까지도 말살하는 탐욕과 오만 때문인데, 매우 흥미롭게도 게라시모프는 톨스토이 문학의 시각적 인용을 통해, 다시 말해 그가 쓴 소설의 시각적 재현을 통해 그러한 파국적 결과를 보여준다. 구체적으로 말하자면, 게라시모프는 톨스토이의 단편소설 '사람은 땅이 많이 필요한가?'(Много ли человеку земли нужно?)에 나오는 농부 파홈(Пахом)의 비극적 모습을 재현해 보여주는데, 이러한 재현은 영화 속 톨스토이가 자신이 창조한 허구적 인물 파홈에 대해서 회상하는 방식으로 나타난다. 이때 게라시모프는 톨스토이의 입을 통해 파홈의 끝없는 욕망과 오만이 결국 자기 자신을 파괴할 수밖에 없는 가공할 결과를 초래했다는 것을 강조한다. 더 나아가 그는 현실 속 톨스토이를 둘러싼 주변 사람들의 욕망과 오만에 대해서도 강하게 암시하는데, 이는 무엇보다도 톨스토이를 사이에 두고 벌어지는 주변 사람들의 재산권과 주도권 다툼에서 잘 뒷받침된다. 이해와 배려의 진정한 인간관계가 등한시되고 탐욕과 오만의 물질적 이해관계가 우선시될 때 인간은 소외될 수밖에 없는데, 게라시모프가 시각적으로 재구성하고 재해석한 만년의 톨스토이 삶이 바로 이런 모습이었다. 여기서 톨스토이 삶의 영화적 재구성이 톨스토이가 자신의 삶을 기록한 일기 기록(영화 시작 직전)과 그가 창조한 소설 장면(영화 시작 직후)을 출발점으로 삼고 있다는 사실은 특히 의미심장하다.

영화의 시각 이미지로 톨스토이의 삶을 창조적으로 재해석하는 작업에서 게라시모프가 보여준 가장 독창적인 점은 제2부 "가출"에서 82세의 톨스토이가 어느 날 밤 갑자기 집을 떠나 아스타포보 역에서 세상을 떠나기까지 일련의 사건과 행적을 새롭게 극화한 것에서 찾을 수 있다. 이와 관련하여 매우 흥미로운 점은 제1부 "불면"에서처럼 그렇게 자주 하지는 않지만 제2부 "가출"에서도 톨스토이가 자신이 창조한 소설 주인공을 직접 호명하거나 간접 암시하는 발언을 하는 장면이다. 특히, 게라시모프의 톨스토이는 가출 이후 오티나 푸스티나 수도원을 방문하고 누이를 찾아간 길에 1863년 발표한 소설 『카자크 사람들』(Казаки)의 주요 인물 가운데 한 사람인 사냥꾼 예로시카(Ерошка)를 갑자기 언급하고 아주 다정한 사이라도 되듯 '예로시카 아저씨'라고 호칭하며 부재하는 그에게 '외적 독백' 형식으로 잠깐 동안 이야기한다. 곧이어 이 장면은 마치 톨이토이의 상상세계를 보여주기라도 하듯이 톨스토이가 미지의 장소에 서 있는 장면으로 갑자기 바뀐다. 이때 카메라는 맨발에 평상복 차림의 톨스토이를 아래에서 위로 클로즈업하여 천천히 보여주는데, 마지막에는 만년설에 덮여 있는 고산준령의 캅카스가 나타난다.

이어지는 다음 장면에서 톨스토이는 그제야 뒤늦게 무엇인가를 기억하고 깨달았다는 듯이 갑자기 예로시카가 등장하는 소설의 주요 무대인 캅카스로 가자고 자신을 수행하는 사람들을 재촉한다. 이런 식으로 게라시모프는 톨스토이의 가출과 서거 사이에 캅카스

행보를 허구적으로 극화해 넣지만, 현실 속에서는 물론이었고 영화 속에서도 톨스토이의 캅카스 행은 실현되지 않는다. 현실 속에서처럼 영화 속에서도 톨스토이는 도중에 병이 나서 아스타포보 역에 멈춰 치료를 받을 수밖에 없었고 병이 악화되어 결국 이곳에서 세상을 떠났기 때문이다.

이렇게 영화 속 톨스토이가 아스타포보 역장의 집에서 임종하는 장면은 극적 긴장감 속에 제시된다는 점에서 현실 속 실제 서거 풍경의 다른 영화적 재구성과 크게 다르지 않을 수 있다. 그러나 임종 직후 톨스토이의 살아 있는 모습과 함께 다시 제시되는 캅카스의 풍경은 게라시모프가 영화를 통해 창조적으로 재구성하여 비평적으로 재해석하는 톨스토이의 삶과 관련하여 여기서 특별히 주목해야 할 장면이다. 게라시모프가 시도하는 톨스토이 삶(과 죽음)에 대한 새로운 접근과 해석의 핵심은 영화의 제2부 "가출"에서 때로는 간접적 암시나 때로는 직접적 제시를 통해 세 번에 걸쳐 반복적으로 등장하는 캅카스가 톨스토이의 '모든 것'이자 '마지막'인 것으로 의미화된 데서 찾을 수 있다.

게라시모프의 영화 『레프 톨스토이』에서 톨스토이의 임종 직후 제시되는 위 장면은 야코프 프로타자노프의 영화 『위대한 장로의 서거』에서 임종 이후 나타나는 톨스토이(와 예수 그리스도)의 구름 속 천상 장면과 연상 고리를 형성한다. 어쩌면 이 장면에서 게라시모프는 72년 전 프로타자노프가 시도한 톨스토이 삶의 재구성 방식을 의식적으로 오마주(hommage)했다고 볼 수 있을지도 모른다. 하지만 게라시모프의 장면은 프로타자노프의 그것과 외적으로만 유사할 뿐, 내적으로는 사뭇 다른 의미를 지닌다. 캅카스는 톨스토이의 실제적 경험에서나 예술적 창조에서도 가장 중요한 공간으로서 게라시모프 영화 속 톨스토이 삶의 재구성과 재해석에서도 핵심으로 설정되어 있다. 캅카스는 톨스토이가 자신의 삶과 창작을 통해 끊임없이 추구하고 보여주고자 했던 자율적 존재와 자발적 의지의 추상적 관념 세계를 구상화하는 심미 공간으로, 이는 게라시모프가 영화의 시각화를 통해 톨스토이 삶의 미스터리에 접근하고 그 궁극의 의미를 재발견하는 작업으로 비로소 드러난다. 게라시모프가 보여준 톨스토이 삶의 영화적 재구성 작업의 의의도 여기에 있다고 할 수 있다.

러시아 문화사에서 아무리 강조해도 지나치지 않을 톨스토이의 삶(과 문학)이 갖는 의미에 대한 일반적 관심이나 창조적 해석은 그의 서거 무렵에 새로운 예술 매체로 급부상한 영화의 시각 이미지로 재구성되기 시작하면서 더 넓고 깊어졌다. 특히 만년의 톨스토이 이미지는 당시 대량복제 기술의 총아로 떠오른 영화 매체에 의해 확대 재생산되고 널리 유포되면서 그에 대한 대중적 관심을 더욱더 증폭시켰다. 초창기 러시아 영화가 톨스토이의 거장성과 대중성에 기대어 그의 삶을 영상 이미지에 담아 시각화했던 주된 이유와 목적도 여기에 있었다. 다시 말해 초창기 러시아 무성영화가 톨스토이의 삶에 관심을 기울이며 시각화했던 주된 이유 가운데 하는 그의 명성을 이용해 상업적 성공을 거두고자 한 데 있었다. 이런 점에서 톨스토이는 자의든 타의든 초창기 러시아 영화의 상업적 목적에 크게 이바지했다고 할 수 있다.

그러나 초창기 러시아 영화사에서 톨스토이의 삶이 영화의 상업적 목적에만 주로 이용되었다고 할 수는 없다. 야코프 프로타자노프의 영화 이력에 나타나 있듯이, 톨스토이의 삶은 영화라는 새로운 예술 영역의 대표자들에게 중요한 창조적 영감과 원천이 되었다.

프로타자노프의 영화 『위대한 장로의 서거』에서처럼 톨스토이의 삶은 시각 이미지로 재구성되는 과정에서 초창기 러시아 영화의 예술적 혁신과 발전에 많이 기여했다. 바꾸어 말하자면, 톨스토이 만년의 비범한 삶은 초창기 러시아 영화의 교훈적, 교육적 목적 추구와 실현에도 가장 잘 부합했을 뿐만 아니라 새로운 재현 방식의 시도 등 창조적 혁신의 측면에서도 적절한 예술적 실험 대상이 되었다. 이미 살펴보았듯이, 프로타자노프가 톨스토이의 삶을 중심으로 회화와 영화, 종교와 사회, 미학과 정치, 사실과 허구 등을 절묘하게 결합하여 당시로서는 매우 보기 드문 독창적 예술 작품을 창조한 것이 좋은 예라 할 수 있다. 초창기 러시아 영화 발전에서 톨스토이의 삶이 그의 문학만큼이나 중대한 의미가 있었다는 것도 바로 여기에서 찾을 수 있다.

다른 한편, 러시아 영화는 톨스토이의 삶을 시각 이미지로 재구성하는 과정에서 그에 대한 관습화된 인식을 보여주기도 했지만, 반대로 톨스토이에게 씌워진 신화적 위상이나 성자적 아우라를 벗겨내고 인간 톨스토이 삶의 '맨 얼굴'을 적나라하게 보여주고자 시도하기도 했다. 러시아 영화사에서 처음이며 아직까지도 마지막으로 기록되는 극영화 『레프 톨스토이』에서 세르게이 게라시모프가 보여주고자 했던 톨스토이의 모습이 바로 그런 것이었다. 이 영화에서 게라시모프는 톨스토이의 만년 삶에서 소외된 이미지를 창조하고 있어 특히 주목할 만한데, 이를 위해서 그는 톨스토이의 삶과 불가분의 관계에 있는 문학적 원천에서 출발하고 있다. 또한 게라시모프는 톨스토이 삶과 사상의 본령이 캅카스라는 추상적 의미 공간에 있다는 것을 보여주는 데서도 역시 그의 문학 원천에서 출발한다. 이처럼 게라시모프가 시도한 톨스토이 삶의 영화적 재구성은 톨스토이가 살았던 삶의 종합을 철저하게 그의 문학으로 해석했다는 점에서 가장 큰 의의가 있다.

미주

참고문헌

찾아보기

미주

1장

1) 스테펜 군들(Stephen Gundle)에 따르면, 글래머는 화려함과 아름다움, 사치스러움과 우아함을 마법적 방식으로 보는 사람을 현혹시키는 환상적 매력으로 간단히 정의할 수 있다. 글래머의 주체로는 사람, 사물, 사건, 장소, 환경 등이 모두 글래머의 주체가 될 수 있는데, 이들 중 어떤 것이라도 아름다움, 섹슈얼리티, 연극성, 부, 역동성, 악명성, 여행, 여가 등과 같은 성질들과 결합하여 보는 사람들의 상상력을 불러일으켜 매혹시킬 수 있다. 또한 글래머는 누구든지 자기 자신의 보다 낫고, 보다 매력적이며, 보다 풍족한 모습으로 탈바꿈할 수 있는 기동적이고 상업적인 사회에 대한 약속을 담고 있다.

3장

1) 상트페테르부르크 창건 300주년 기념은 2001년부터 본격적으로 준비되었다. 이때 기념 전략의 핵심은 "페테르부르크를 관광산업 상품으로 탈바꿈시키는 데 있었다." 좀 더 구체적으로 말하자면, 도시 창건 300주년 기념의 목표는 페테르부르크를 "더 깨끗하고, 밝고 아름답게 만들고," "300주년 기념을 전 국민적 축제로, 국가적·국제적 수준에서뿐 아니라 정신적·정치적 수준에서도 중대한 사건으로 변화시키는 데 있었다." Елена Хеллберг-Хирн, Печать империи: Постсоветский Петербург, Санкт-Петербург: Европейский дом, 2008, стр. 298-299.

2) PTB (15.06.2002). Там же, стр. 305.에서 재인용.

3) 스테펜 노리스(Stephen Norris)에 따르면, 소쿠로프의 『러시아 방주』(Русский ковчег), 랴자노프의 『침실 열쇠』(Ключи от спальни), 멜니코프의 가엾고, 가엾은 파벨』(Бедный, бедный Павел)이 페테르부르크 도시 창건 300주년 기념에 바치는 헌정 영화로 분류된다. 이들의 공통점은 페테르부르크의 과거 역사에 대한 문화적 기억과 노스탤지어를 분명하게 보여준다는 사실에 있다. Stephen Norris, "Strolls Through Postmodern Petersburg: Celebrating the City in 2003," Helena Goscilo and Stephen M. Norris (ed.), Preserving Petersburg: History, Memory, Nostalgia, Bloomington: Indiana University

Press, 2008, pp. 197-218.

4) 페테르부르크 도시와 영화의 관계, 특히 '페테르부르크 영화'에 관한 주요 연구서는 다음을 참고하기 바람. М. Л. Жежеленко, ред., Петербургское "новое кино." Сборник статей, Санкт-Петербург: Издательство "МОЛ," 1996; В. Н. Больман, Век петербургского кино. Сборник научных трудов, Санкт-Петербург: РИИИ, 2007; Василий Степанов, Петербург как кино: статьи и фотографы, Санкт-Петербург: Мастерская СЕАНС, 2011; Анна Ковалова, Юрий Цивьян, Кинематограф в Петербурге. 1896–1917, Санкт-Петербург: Сеанс, 2011.

5) 이런 점에서 우치텔의 『산책』은 18세기 예카테리나 여제 시대, 19세기 말 은세기(Silver Age)의 페테르부르크를 각각 보여주는 멜니코프의 『가엾고, 가엾은 파벨』, 랴자노프의 『침실 열쇠』와도 많이 다르다.

6) 러시아 문화의 '페테르부르크 텍스트' 관점에서 소쿠로프의 『러시아 방주』를 분석한 주요 연구로는 다음을 참고하기 바람. Кристине Гельц, "«И плыть нам вечно, и жить нам вечно!»: Петербургский текст и «Русский ковчег» Александра Сокурова," В. Маркович и В. Шмид, Существует ли Петербургский текст?, Санкт-Петербург, 2005, стр. 370-388; Jenna J. Song, "Accelerating the Future and Redeeming the Past: St. Petersburg Museology and Russian Ark," Catherine O'Neil, Nicole Boudreau, and Sarah Krive (eds.), Poetics. Self. Place: Essays in Honor of Anna Lisa Crone, Bloomington: Slavica Publishers, 2007, pp. 712-736.

7) 대표적 사례로 베르토프의 『카메라를 든 사나이』(Человек с киноаппаратом, 1929), 다넬리야의 『나는 모스크바를 걷는다』(Я шагаю по Москве, 1964), 후치예프의 『7월의 비』(Июльский дождь, 1966)를 들 수 있다. 이 중에서 『나는 모스크바를 걷는다』를 전적으로 '운동감'의 관점에서 분석한 연구로는 다음을 참고하기 바람. Lida Oukaderova, "The Sense of Movement in Gorgii Daneliia's Walking the Streets of Moscow," Studies in Russian and Soviet Cinema, Vol. 4, No. 1 (2010), pp. 5-21.

8) Елена Кутловская, "Вдоль по Питерской," *Искусство кино*, No. 10 (2003). www.kinoart.ru/magazine/10-2003/repertoire/Kutlo0310 (검색일: 2011.10.15)

9) Юрий Лотман, "Символика Петербурга и проблемы семиотики

города," Труды по знаковым системам, 18 (Тарту, 1984), стр. 32-44.

10) Svetlana Boym, The Future of Nostalgia, New York: Basic Books, 2000, pp. 121-171.

11) Владимир Топоров, "Петербург и 'Петербургский текст русской литературы'(Введение в тему)," Ритуал. Символ. Образ. Исследования в области мифопоэтического. Избранное, Москва: Прогресс, 1995, стр. 259-399.

12) 마민의 『파리를 향한 창』을 '페테르부르크 신화' 혹은 '페테르부르크 텍스트'의 관점에서 분석한 대표적 연구는 다음을 참고하기 바람. Graham Roberts. "East Meets West: Mapping the New Europe in Yury Mamin's *A Window to Paris*," Myrto Konstantarakos (ed.), Spaces in European Cinema, London: Intellect, 2000, pp. 178-188; Ellen Chances. "Reflections of Contemporary Russian Society, Culture, and Values in Iurii Mamin's Film, 'Window to Paris'," Robert A. Maguire and Alan Timberlake (eds.), American Contributions to the Twelfth International Congress of Slavists (Cracow), August-September 1998, Literature. Linguistics. Poetics, Bloomington: Slavica Publishers, 1998, pp. 21-31.

13) 『형제』 이외에도 『행복한 나날들』(Счастливые дни, 1991), 『트로핌』(Трофим, 1995), 『기형과 인간에 관하여』(Про уродов и людей, 1998), 『나는 아프지 않아』(Мне не больно, 2006), 『화부』(Кочегар, 2010) 등 발라바노프의 많은 영화는 페테르부르크 도시 공간을 주요 무대와 주제로 삼고 있다. 따라서 그의 페테르부르크 영화 역시 도시 신화의 차원에서 분석되곤 하는데, 이에 관한 최신 연구는 다음을 참고하기 바람. Jennifer Day, "Strange Spaces: Balabanov and the Petersburg Text," Slavic and East European Journal, Vol. 49, No. 4 (2005), pp. 612-624.

14) 러시아 문화사에 나타나는 반-세계의 특성에 관해서는 다음을 참고하기 바람. Дмитрий Лихачев, 'Смех м древней Руси,' Избранные работы в трёх томах, Ленинград: Художественная литература, 1987), III, pp. 356-357.

15) 예를 들면, 2000년 첫선을 보인 이후 2007년까지 이어진 TV 시리즈 영화 『도적들의 페테르부르크』(Бандитский Петербург)에서는 '문화 수도' 페테르부르크가 아니라 '범죄 도시' 페테르부르크의 어두운 이미지가 압도한다.

16) 이런 점에서도 『산책』은 메이데이 축제를 맞이하여 모스크바 거리에서 극중 인물들과 실제 인물들이 경계 구분 없이 한데 뒤섞이는 마를렌 후티예프의 해빙기 영화 『일리치 관문』을 강하게 상기시킨다.

17) 『산책』에서 모바일 전화의 기능과 의미에 관한 분석은 지금까지 전혀 이루어지지 않았다. 스테펜 모리스만이 이 영화에서 모바일 전화 통화 또는 소통이 굉장히 많이 나오고 또 그만큼 중요하다는 점만 언급했을 뿐, 그 이상의 구체적 논의는 없었다. Стивен М. Норрис, "Прогулка(2003)," Е.Васильева и Н.Брагинский, Ноев ковчег русского от <<Стенькой Разина>> до <<Стиляг>>, Глобус-Пресс, 2012), стр. 483.

16장

1) Svetlana Boym, *The Future of Nostalgia*, New York: Basic Books, 2001, XIII.

2) 『노스탤지어』는 러시아-이탈리아 합작 영화로 1981년 3월에 제작 계획이 수립되었고 그로부터 2년 후인 1983년에 편집이 완료되어 칸영화제를 통해 첫선을 보였다. 본 논문에서는 Andrei Tarkovsky, *Nostalghia*, New York: Fox Lorber Home Video, 1998, DVD, 120 Min.과 Андрей Тарковский, Ностальгия, Москва: Энио-Фильм, 2000, VHS, 124 Мин. 중에서 전자를 주로 참고하였다.

3) 안나 말콜키나는 영화 제목에 담겨 있는 역설적 의미가 "집의 개념의 확장에 있다"라고 말한다. 그녀의 견해에 따르면, 타르콥스키에게 있어서 "집이란 단순히 누군가의 고향 (혹은 고국)이나 러시아만을 의미하는 것이 아니고," "고매한 인간 신념, 환상, 방기된 미 그리고 불가능한 행복에 대한 동경의 잃어버린 세계"로 확장된다. 영화 『노스탤지어』가 갖고 있는 이와 같은 "기호학적 다의성"은 따라서 '향수'라는 낭만적 제목만을 보고 이 단어-개념이 일반적으로 연상시키는 친숙한 장면들을 볼 수 있으리라 기대하는 관객들에게 심리적 불편함을 불러일으킨다. Anna Malkolkina, "A Nostalgic Vision of Tarkovsky's Nostalgia," Petrie Graham, ed., *Before the Wall Came Down: Soviet and East European Filmmakers Working in the West,* Landham, MD: University Press of America, 1990, p. 216.

4) 타르콥스키는 향수의 러시아적 의미에 대해 "고국에 대한 사랑과 멀리 떨어져 있음으로 인해서 생겨나는 우수를 뒤섞어 놓은 복잡한 감정"이라고 정의하면서 다음과 같이 덧붙여 말한다. "나는 러시아적인 향수에 관한 영화 —자기 조국 땅으로부터 멀리 떨어져 있는 러시아 사람들에게 엄습해 오는 특별한 마음

상태에 관한 영화를 만들고 싶었다. 나는 이 영화가 러시아 사람들이 그들의 뿌리, 과거, 문화, 고향, 가족, 친구들에게 느끼는 운명적 애착에 관한 것이 되기를 원했다." Andrei Tarkovsky, *Sculpting in Time: The Great Russian Filmmaker Discusses His Art,* Trans. Kitty Hunter-Blair, Austin, TX: University of Texas Press, 1987, p. 202. 이 책의 한글 번역으로는 안드레이 타르코프스키, 『봉인된 시간』, 김창우 옮김, 경북: 분도출판사, 1997 참고 바람. 한편, 타르콥스키의 주요 영화 작품에 대해 철학적 해석을 시도한 책에서 김용규는 우리가 『노스탤지어』를 보면서 타르콥스키의 위와 같은 말을 곧이곧대로 믿고 영화의 제목과 내용에 나타난 "자신이 '태어나고 자라난 육신의 고향에 대한 그리움'"만을 생각한다면, 이 영화를 이해하는 데서 있어서 위험한 함정에 빠지게 될지 모른다고 경고한다. 김용규의 견해에 따르면, 영화 『노스탤지어』에서 뜻하는 '향수'는 "'태어나고 자라난 육신의 고향에 대한 그리움'이 아니고, 그것을 매개로 하지만 궁극적으로는 '영혼의 본향에 대한 그리움'"이다. 김용규, 『타르코프스키는 이렇게 말했다』, 서울: 이론과 실천, 2004, pp. 248-253쪽.

5) 마야 투롭스카야는 『노스탤지어』의 맨 첫 장면을 "『잠입자(Сталкер)』(1979)로부터 영원히 추방되었던 것처럼 보이는 모든 요소들"의 재소환이라고 말한다. Мая Туровская, *7 1/2,* или фильм Андрея Тарковского, Москва: Искусство, 1991, стр. 153.

6) 대표적인 예로 김정란 교수는 이 나무기둥에 대해 신화적, 종교적 차원에서 적극적으로 해석한다. 그녀의 해석에 따르면, "예수의 십자가를 패러디"하는 이 나무기둥은 "세계축으로서의 나무의 상징성"을 띠며, 이것을 통해 "천상과 지상과 지하가 하나의 축으로 관통"된다고 한다. 그러나 김정란 교수는 이 나무기둥의 의미를 영화의 첫 장면에만 국한시켜 해석하고 있다는 점에서 그녀의 해석은 흥미롭지만 부분적일 수밖에 없다. 왜냐하면 이 나무기둥은 김정란 교수가 해석한 대로 그와 같은 커다란 상징적 의미를 담고 있을 수도 있지만, 무엇보다도 『노스탤지어』의 서사구조, 특히 공간 구성의 형식적 측면에서 바라볼 때에야 그 온전한 의미가 비로소 분명히 드러나기 때문이다. 이 점에 대해서는 김정란, "타르코프스키의 영화 『노스탤지어』,"www.rannie.net/index2.htm 참고 바람.

7) 도스토옙스키가 지하생활자의 공식을 내세워 이성과 진보를 숭배하는 "수정궁"의 실증적, 유물론적 세계관을 거부한 것과 마찬가지로, 타르콥스키는 도메니코의 공식을 통해 정신적 가치와 신앙을 결핍한 현대의 기술 문명 세계를 거부한다. 이점을 포함한 도스토옙스키와 타르콥스키의 영향 관계에 대해서는 Vida T. Johnson and Graham Petrie, *The Films of Andrei Tarkovsky: A Visual Fugue,*

Bloominton: Indiana University Press, 1994, pp. 254-257 참조 바람.

8) Ibid., p. 161.

9) 모태 공간과 여성성에 대해서는 김정란, 같은 곳.

10) 여기서 온천 연못의 배수는 현대 사회에서 정신적 가치의 소멸과 신념의 상실을 의미한다. Johnson and Petrie, Ibid., p. 209. 한편, 물이 빠진 연못 밑바닥에 드러나 있는 잡다한 사물들을 명확히 구별하지 않은 채 일반화하여 이것들이 모두 "좀 더 정신적인 과거의 파편들"이라고 주장하는 다니엘 골딩의 말은 설득력이 떨어진다. 왜냐하면 물 빠진 연못 바닥에는 "정신적 과거"의 흔적도 엿보이기는 하지만, 버려진 자전거 등에서 알 수 있듯 현대 물질문명의 잔해들이 더 많이 관찰되고 있기 때문이다. Daniel J. Goulding, ed., *Five Filmmakers: Tarkovsky, Forman, Polanski, Szabó, Makevej,* Bloomington: Indiana University Press, 1994, p. 37.

11) Ibid.

12) '느림'의 미학과 관련하여 벤야민 할리간은 이 장면이 "영화 속에서 하나의 실존적 순간이며 타르콥스키의 입장에서도 역시 실존적 제스처"라고 말한다. 비슷한 맥락에서 슬라보이 지젝은 "구원으로 가는 여정"을 보여주는 "주인공의 지나치게 느린 연못 횡단" 과정이 "관성에 완전히 굴복하는" 과정이라고 한다. 그리고 이를 통해 그는 "열망하던 정신적 만족"에 이르는데, "완전한 만족과 충일"은 물리적 고통의 정점, 즉 그가 심장발작으로 쓰러지는 순간에 찾아온다. Benjamin Halligan, "The Long Take That Kills Tarkovsky's Rejection of Montage," *Central Europe Review* 2, no. 39, 2001. http://www.ce-review.org/00/39/kinoeye39_halligan.html; Slavoj Zizek, "The Thing from Inner Space," Renata Salecl, ed., Sexuation, Durham: Duke University Press, 2000, p. 225.

13) 『노스탤지어』와 관련한 한 인터뷰에서 타르콥스키는 "세계와 화해할 수 없는 자신의 현실에 괴로워하는 고르차코프가 그와 동병상련을 겪고 있는 성스런 바보 도메니코"에게서 정신적 친밀감을 느낀다고 직접 밝히고 있다. Tarkovsky, Ibid., p. 202.

14) 김정란의 해석에 따르면, 두 번째 장면에서 화면 오른쪽에서 출현한 자동차가 계속 이동하다가 잠시 사라졌다 다시 나오는 화면 밖 왼쪽 공간은 지금 여기에 존재하지도 보이지도 않는 초월적이고 신비로운 어떤 것을 상징하고, 그 왼쪽의 반대편인 오른쪽은 드러나 있는 지금 여기의 현실을 의미한다. 하지만 김정

란은 두 번째 장면 이외의 다른 장면에서도 특징적으로 나타나는 오른쪽에서 왼쪽으로의 공간 이동에 대해서는 거의 언급하지 않는다. 김정란, 같은 곳.

15) 델체바와 블라소프에 따르면, 타르콥스키는 『솔라리스』에서 집의 주제를 본격적으로 도입함으로써 초기작인 『이반의 어린시절』(*Иваново детство*, 1962)이나 『안드레이 루블료프』(*Андрей Рублёв,* 1966)에 지배적인 유년시절의 이미지들을 형태적으로 구체화하기 시작했다고 한다. 그리고 『솔라리스』에서부터 마지막 영화 『희생』(Жертвоприношение, 1986)까지 타르콥스키의 영화 여정은 집의 건설과 함께 시작하여 집의 파괴로 끝난다고 한다. Roumiana Deltscheva and Eduard Vlasov, "Back to the House, II: On the Chrotopic and Ideological Representation of Lem's Solaris in Tarkovsky's Film," *Russian Review* 56, no. 4, 1997, p. 549 참조 바람. 다른 한편, 타르콥스키가 그의 주요 작품들에서 집의 이미지와 주제를 일관되게 천착하고 탐구했다는 사실은 그의 영화 세계가 "집과 자아(표현)의 이상적 형식들에 대한 고뇌에 찬 탐색"을 통해 "러시아의 문화적 자아"를 미학적으로 재현하고 실현하는 러시아 문화의 한 전통에 굳게 서있다는 것을 강하게 시사한다. 이와 같은 사실은 또한 타르콥스키의 영화가 러시아의 다른 영화들과 근본적으로 다른 차이점이기도 하다. "러시아 문화와 집"의 관계에 대해서는 Amy Singleton, *Noplace Like Home: The Literary Artist and Russia's Search for Cultural Identity*, New York: State University of New York Press, 1997, pp. 19-40 참조 바람.

16) 이것은 『노스탤지어』에 나타난 "러시아 집"의 이미지가 타르콥스키의 다른 영화들에 나타나 있는 것과 가장 뚜렷하게 구별되는 변별적 특성이기도 하다. 타르콥스키 작품들에 나타난 집 이미지의 다양한 양상들과 그 의미에 대한 논의에 대해서는 Johnson and Petrie, Ibid., pp. 225-230 참조 바람. 하지만 존슨과 페트리는 다른 작품들에 나타난 집 이미지들에 대해서는 상세히 논의한 것과는 달리 『노스탤지어』에 나타나 있는 다양한 집 이미지에 대해서는 상대적으로 아주 짧게 처리하고 있다.

17) Ibid., p. 163.

18) 타르콥스키가 보여주는 사랑과 어린시절의 순수하고 성스런 공간들에 대한 기억은 주제와 이미지, 스타일 면에서 "나와 마을"을 중심으로 한 마르크 샤갈(Marc Chagall)의 초현실적인 회화를 강하게 연상시킨다. 이에 대한 구체적인 논의에 대해서는 Bruce Ross, "Nostalgia and the Childhood Topoi: Metaphor of Disruption and Transcendence in the Work of Joseph Brodsky, Marc Chagall and Andrei Tarkovsky," *Analecta Husserliana* 28, pp.

307-323 참조 바람.

19) 지젝에 따르면, "타르콥스키의 우주"는 "노골적인 성적 도발"을 함으로써 자신의 존재 양식을 "불모의 존재 양식"으로 격하시키는 유제니아와 같은 "도발적 여성에 대한 공공연한 혐오로 가득 차 있는데, 타르콥스키는 이런 여성상보다는 어머니의 든든하고 안정된 존재를 더 선호한다." Slavoj Zizek, Ibid., p. 224.

20) Gaston Bachelard, *The Poetics of Space,* Boston, MA: Beacon Press, 1994, p. 4. 호텔방이 안락한 집처럼 편안한 장소가 아니라는 것은 고르차코프가 외투도 벗지 않고 불편한 자세로 침대 위에 드러누워 잠을 잔다는 사실에 의해서도 확인된다. 이 외투와 관련하여 매우 특징적인 사실은 영화 서사 전체에서 고르차코프는 마치 그가 영원한 방랑길에 있기라도 한 것처럼 어디에서 어떤 상태에 있든 외투를 한 번도 벗지 않는다는 데에 있다.

21) Johnson and Petrie, Ibid., pp. 227-228.

22) 『거울』과 『노스탤지어』, 『희생』에서 공중으로 떠오르는 여성의 이미지는 "성적 황홀경"을 암시한다. Alexandra Heidi Karriker, "In Search of Refuge: Functions of Nature in Tarkovsky's Films," *West Virginia University Philological Papers* 37. 1991. p. 165 참조 바람.

23) Bachelard, Ibid., p. 48.

24) 데이비드 질레스피는 언덕을 닮아 있는 흙 둔덕이 있고 나무들이 보이는 도메니코의 두 번째 집의 실내 풍경이 고르차코프의 러시아 고향집 주변 풍경을 상기시킨다고 말하면서, 또 다른 차원에서 안과 밖의 통합을 논의한다. David Gillespie, "Autobiography, Memory and Identity: The Films of Andrei Tarkovskii," *Russian Cinema,* New York: Pearson Education Limited, 2003, p. 180 참조 바람.

25) 토니 미첼은 『노스탤지어』가 "문화 충돌에 관한 영화"라고 규정하고 영화 속에 나타난 다양한 형태의 "문화적 차이들"이나 "장벽들"에 대해 논의하면서, 러시아 시인 고르차코프와 이탈리아 통역사 유제니아 사이의 근본적 대립을 그 대표적인 예로 들고 있다. Tony Mitchell, "Andrei Tarkovsky and Nostalghia," *Film Criticism* 8, no. 3, 1984, pp. 105-106 참조 바람. 이와 반대로, 질레스피는 『노스탤지어』를 러시아와 서방 사이에 가로놓여 있는 "문화적 차이들"의 극복 시도로 해석하면서, 영화 속에 나타난 러시아와 서방의 언어, 종교, 음악 등의 혼용을 구체적인 근거로 들고 있다. David Gillespie, "Russia and the West in the Films of Andrei Tarkovsky," *New Zealand Slavonic Journal,* 1993, p.

55-58 참조 바람. 그러나 유감스럽게도 두 비평가는 모두 영화 속에서 다양하고 특별한 형태로 제시되거나 언급되고 있는 '집들'이 "문화적 차이"의 극복 과정에서 담당하는 역할과 의미에 대해서는 깊이 있게 다루지 않고 있다. 이와 같은 사실은 타르콥스키 영화에 나타난 집의 이미지에 대해 다른 비평가들보다 좀 더 자세하게 다룬 존슨과 페트리의 경우에도 마찬가지다.

26) Tarkovsky, Ibid., pp. 271-272.

27) 김용규, 같은 책, 280쪽. 지용규와 마찬가지로 이고르 예블람피예프 역시 이 장면에 나타난 통합의 공간이 "영원하고 완전한 존재"의 "진정한 고향"을 상징한다고 말한다. Игорь Евлампиев, Художественная философия Андрея Тарковского, Санкт Петербург: Алетейя, 2001, стр. 312 참조 바람.

17장

1) Birgit Beumers, *A History of Russian Cinema* (Oxford: Berg, 2009), p.10.

2) Denise Youngblood, *The Magic Mirror: Moviemaking in Russia, 1908-1918* (Madison: University of Wisconsin Press, 1999), p. 127.

3) 러시아 문학의 영화화에 관한 가장 최근의 대표 연구로는 다음을 참고하기 바람. А.Вартанов и Е.Сабашникова, *Экранные искусства и литература: телевизионный этап* (Москва: Наука, 2000); David Gillespie, "The Literary Space," *Russian Cinema* (Essex: Pearson Education Limited, 2003), pp. 12-33; Stephen Hutchings, *Russian Literary Culture in the Camera Age: The Word as Image* (London: Routledge, 2004); Stephen Hutchings and Anat Vernitskaia, ed., *Russian and Soviet Film Adaptations of Literature, 1900-2001: Screening the Word* (London: Routledge, 2005).

4) Ю.Лотман, *Семиотика кино и проблемы киноэстетики* (Таллин: Ээсти Паамат, 1973), с. 3.

5) У.А.Гуральник, *Русская литература и советское кино: экранизация классической прозы как ли-тературоведческая проблема* (Москва: Наука, 1968), с. 272에서 재인용함.

6) Там же.

7) 송희복, 『문학과 영화의 만남』(서울: 월인, 2009), 97쪽.

8) 여기에 언급한 톨스토이 관련 영화들 중에서 다큐멘터리와 허구를 결합한 야코프 프로타자노프의 『위대한 장로의 서거』, 순수 극영화인 세르게이 게라시모프의 『레프 톨스토이』와 마이클 호프만의 『마지막 정거장』을 제외한 나머지는 모두 다큐멘터리이다. 한편, 톨스토이의 장례식을 포함한 그의 생전 모습들을 담은 필름 복원 프로젝트 『레프 톨스토이: 천재는 살아 있다(Leo Tolstoy: Genius Alive)』가 2011년 11월 출시 예정으로 페테르부르크 출신의 영화감독이자 프로듀서인 안드레이 데랴빈(Андрей Дерябин)의 주관 아래 진행되고 있다.

9) 톨스토이 삶의 영화화와 관련하여 지금까지 러시아 국내외에서 나온 연구서는 레프 안닌스키(Лев Аннинский)가 쓴 『레프 톨스토이와 영화』(Лев Толстой и кинематограф, 1980)가 유일하다. 이 책은 2000년 『사자 사냥』(Охота на льва)이란 이중적 의미의 상징적 제목을 달고 개정·증보판으로 출판되었다. Лев Аннинский, *Охота на льва* (Москва: Шар, 2000)

10) Michael Denner, ""Be not afraid of greatness...": Leo Tolstoy and Celebrity," *Journal of Popular Culture,* Vol. 42, No.4 (2009), pp. 614-645.

11) 톨스토이 문학의 영화화는 톨스토이 삶의 영화화가 그렇듯이 러시아 영화사 전체를 거의 아우르며 광범하게 진행됐다는 사실로써만 아니라, "정확히 보는 능력"(умение точно видеть)으로 창조된 그의 '문학작품 각 장면이 본질적으로 훌륭한 시나리오의 한 부분'이 될 수 있을 정도로 그의 소설들에 영화적 특성이 선취돼 있었다는 사실로써도 문학과 영화의 관계 안에서 톨스토이는 분명히 흥미로운 연구 대상이다. У.А. Гуральник, *Русская литература и советское кино,* с. 270. 사실 톨스토이 문학은 1909년 표트르 차르디닌(Петр Чардынин)의 『부활』에서 2009년 세르게이 솔로비요프(Сергей Соловьев)의 『안나 카레니나』(Анна Каренина)에 이르기까지 정확히 100년에 걸쳐 무수하게 영화화되었다. 특히 25회로 가장 많이 영화화된 러시아 소설 가운데 하나인 『안나 카레니나』는 "소설의 영화화가 문학적 원천을 신화의 수준으로까지 끌어올리는 문화적 동력"이 된다는 점을 잘 뒷받침해주는 작품으로 높이 평가된다. Irina Makoveeva, *Visualizing Anna Karenina.* Ph.D Dissertation (University of Pittsburgh, 2007), p. 9. 또한, 『전쟁과 평화』는 '몽타주,' '원근법,' '클로즈업,' '줌잉' 등 영화와 같은 시각예술의 기법이나 장치들이 풍부하게 내재해 있는 소설로 높이 평가되고 있다. Sarah Mohler, *The Prosaics of the Mind's Eye: Reader Visualization, Perspectival Engagement, and the Visual Ethics of Tolstoy's War and Peace.* Ph.D

Dissertation (Princeton University, 2006). 그러나 러시아 문학의 영화화 연구가 여전히 미흡한 것처럼, 톨스토이 문학의 영화화 연구도 아직까지 빈약한 수준이다. 실제로 현재까지 나온 톨스토이 문학의 영화화 연구에서 구체적 분석 대상이 된 작품은 『캅카스의 포로』(Кавказский пленник), 『전쟁과 평화』(Война и мир), 『안나 카레니나』가 거의 전부일 정도로 톨스토이 문학의 영화화 연구는 극히 일부 작품에 국한되었다. 특히 톨스토이 문학이 역사적 격변기를 거치면서 어떤 시대적 정황이나 문화적 영향 속에 영화화되었는지를 포괄적, 체계적으로 연구한 사례는 극히 드물다. 또한, 『부활』(2001, 2004), 『전쟁과 평화』(2007), 『크로이처 소나타』(Крейцеровая соната, 2008), 『안나 카레니나』(2009) 등 최근 영화화 작업도 기존 작업의 연속선상에서 여러모로 충분한 비교와 분석 대상이 되고 있지만, 선행연구에서 완전히 배제되었거나 아직까지도 본격적으로 연구되지 않았다. 이러한 공백 상황은 도스토옙스키, 체호프, 나보코프 문학의 영화화 연구가 다양한 역사적, 문화적 배경과 맥락 속에서 포괄적, 체계적으로 수행되었다는 사실에 견주어볼 때 더욱더 도드라져 보인다. 이처럼 톨스토이 삶의 영화화에서만이 아니라 톨스토이 문학의 영화화에서도 크게 드러난 연구의 공백을 메우고 불균형을 시정하는 작업은 그의 서거 100주년을 맞이한 시점에서 특히 더 필요하고 절실하다.

12) Steven G. Marks, *How Russia Shaped the Modern World: From Art to Anti-Semitism, Ballet to Bolshevism* (Cambridge: Harvard University Press, 2003), p.111.

13) Валентина Рогова, "Папа папарации," *Литературная Россия,* No. 8 (2008).

14) 초창기 러시아 영화에서 톨스토이의 삶이나 문학을 영화로 만든 작업에 대해 짧게 개관한 루리에(Лурье)의 말을 따르면, 드란코프는 그 당시 바실례프(Васильев)라는 페테르부르크의 한 극장 소유주와 함께 야스나야 폴랴나를 찾아 톨스토이의 일상 모습을 찍는데 성공했고, 이렇게 찍은 필름은 144미터 길이였다고 한다. 또한 이 필름을 편집해 만든 작품 이름은 『야스나야 폴라냐 Л.Н 톨스토이 백작의 80세 생일날』(День 80-летия графа Л.Н. Толстого в Ясне Поляне)이었다. С. Лурье, "Толстой и кино," *Л. Н. Толстой,* Кн. II. (Москва: Издательство АН СССР, 1939), с. 714.

15) 이에 앞서 1909년 파테는 야스나야 폴랴나를 방문하여 톨스토이의 모습을 영화로 촬영할 수 있는 허락을 그에게서 직접 받았다. 하지만 파테가 그의 모습을 영화로 찍어 상업적 성공을 거둔 것은 톨스토이의 야스나야 폴랴나 모습

이 아니라 그의 모스크바 여행 과정을 담은 장면이었다. Там же, с. 714-715; Янгиров, Рашит. *Другое кино: статьи по истории отечественного кино первой трети XX века* (Москва: Новое литературное обозрение, 2011), с. 33.

16) 프로타자노프의 영화 이력은 일반적으로 1911년에서 1918년까지를 1단계로, 1919년에서 1920년대까지를 2단계로, 1930년대에서 1945년까지를 3단계로 구분할 수 있다. 1단계는 10월 혁명 직후까지 그가 러시아에서 창작하던 시기이고, 2단계는 혁명 직후 망명했다가 20년대 초에 다시 귀국하여 활동했던 시기이며, 3단계는 스탈린 시대 사회주의 리얼리즘 아래 활동했던 시기이다. 한편, 『최초의 양조업자』는 톨스토이가 극작품으로 처음 출판한 민중희극을 각색한 것이고, 『장미는 얼마나 멋지고 신선했던가』는 이반 투르게네프(Иван Тургенев)에 관한 전기 영화인데, 여기에도 톨스토이가 등장한다. Ирина Грашенкова, "Яков Протазанов—режиссер православного кино!?.." *Киноведческие записки* 88 (2008), с. 179-180.

17) Игорь Смирнов, *Видеоряд: Историческая семантика кино* (Санкт-Петербург: Петрополис, 2009), с. 90-91.

18) 러시아 영화(사)와 종교(성)의 문제에 관한 논의는 다음을 참고하기 바람. Jolyon Mitchell, "Portraying Religion and Peace in Russian Film," *Studies in World Christianity,* Vol.14, No.2, 2008, pp. 142-152. 이 논문에서도 러시아 영화의 종교성 논의는 프로타자노프의 영화와 함께 시작한다. 하지만 논문에서도 사후 부화하는 톨스토이를 보여주는 마지막 장면의 다면적 해석 가능성에 대한 논의는 분량과 내용 모두 매우 불충분하다.

19) 혁명기 러시아에 나타난 톨스토이 이미지에 관한 최근 연구에서 마이클 덴너는 20세기 러시아에서 톨스토이만큼 포괄적이고 성공적인 매개와 구성 대상이 되었던 예술가는 없었다고 주장한다. 그러나 동시에 그는 스탈린의 러시아에서는 대중문화에 생산된 톨스토이의 강력하면서도 모순적인 이미지가 사라졌다고 덧붙여 말한다. 요컨대, 러시아 혁명 이후 톨스토이는 레닌 등 신정권 핵심 인사들에 의해 "혁명의 거울"로까지 치켜세워졌지만, 스탈린 시대에는 시각 예술에서뿐만 아니라 다른 어떤 문화담론에서도 완전히 사라졌다. Michael Denner, "The 'Proletarian Lord': Leo Tolstoy's Image During the Russian Revolutionary Period," Donna Tussing Orwin, ed., *Anniversary Essays on Tolstoy* (Cambridge: Cambridge University Press, 2011), p. 239.

20) 이와 관련하여 흥미로운 비교대상으로 주목해야 할 작품은 할리우드에서

2009년 제작된 호프만의 영화 『마지막 정거장』이다. 이 영화는 몇 가지 점에서 게라시모프의 영화와 좋은 비교연구 대상이 될 수 있다. 먼저, 1990년 출판된 이후 2009년 재출판된 제이 파리니(Jay Parini)의 동명소설을 원작으로 삼고 있는 데서 알 수 있듯이 이 영화는 화면 밖에서 이중화된 서구적 시선으로 톨스토이의 삶을 바라본다는 점에서 그것을 러시아(인)의 시선으로 바라보는 게라시모프의 영화와 좋은 대조를 이룬다. 또한, 영화는 화면 안에서 톨스토이의 삶이 그의 비서였던 불가코프의 관찰자적 시선을 통해 묘사되고 있다는 점에서도 이야기 전달 방식 상 게라시모프의 영화와 대비 관계를 이룬다. 특히 게라시모프의 영화에서는 톨스토이 내면의 반성적, 성찰적 시선이 지배적이지만, 이 영화에서는 불가코프의 외적 관찰자 시선 외에도 톨스토이 일가의 삶을 조종하는 것으로 비치는 체르트코프의 감시자 시선이 짙게 배어 있다. 게다가 영화는 톨스토이를 포함한 주변 사람들 사이의 낭만적 사랑을 중심으로 육체적 삶을 크게 부각시키고 있다는 점에서 톨스토이의 정신적 삶에 비중을 두는 게라시모프의 영화와 극명한 대비를 이룬다. 이런 식으로 두 영화는 톨스토이의 삶을 바라보는 각기 다른 시선에서 파생되는 러시아와 서구의 문화적 차이까지도 잘 드러낸다고 볼 수 있다. 한편, 2009년에 할리우드에서 제작 상연된 『마지막 정거장』은 러시아에서 톨스토이 서거일인 11월 20일에 맞춰 개봉되었다. 그런데 러시아에서 개봉된 영화는 흥미롭게도 원제 『마지막 정거장』를 약간 수정하여 『마지막 부활』(Последнее воскресение)이라는 제목을 달고 있고 있어 의미심장하다.

21) 영화 속에서 톨스토이의 부인 소피야 안드레예브나 역은 '브기크'에서 게라시모프와 함께 차세대 배우들을 교육하고 양성했던 그의 부인 타마라 마카로바(Тамара Макарова)가 맡아 연기했다.

22) 사전적 정의에서 "Уход"는 축자적 의미에서 어떤 곳으로부터 '떠난다'는 것이다. 따라서 톨스토이가 야스나야 폴랴나 영지를 떠나는 것은 일차적으로 '가출'을 의미한다. 하지만 톨스토이가 가출 이후 아스타포보 역에서 이 세상으로부터 떠나기 때문에 "Уход"는 '서거'를 의미하기도 한다. 요컨대, 영화의 제2부 제목으로 사용된 "Уход"는 '가출'과 '서거'를 동시에 의미한다.

23) "Странно, что мне приходится молчать с живушими вокруг меня людьми и говорить только с теми далекими по времени и месту, которые будут слышать меня."

참고문헌

3장

Больман, В. Н. Век петербургского кино. Сборник научных трудов. Санкт-Петербург: РИИИ. 2007.

Гельц, Кристине. "«И плыть нам вечно, и жить нам вечно!»: Петербургский текст и «Русский ковчег» Александра Сокурова." Маркович, В. и Шмид, В. Существует ли Петербургский текст? Санкт-Петербург. 2005.

Жежеленко, М.Л. Петербургское "новое кино." Сборник статей. Санкт-Петербург: Издательство "МОЛ." 1996.

Ковалова, Анна и Цивьян, Юрий. Кинематограф в Петербурге. 1896–1917. Санкт-Петербург: Сеанс. 2011.

Кутловская, Елена. "Вдоль по Питерской." Искусство кино/ No. 10 (2003). www.kinoart.ru/magazine/10-2003/repertoire/Kutlo0310 (검색일: 2011.10.15).

Лихачев, Дмитрий. 'Смех м древней Руси.' Избранные работы в трёх томах. III. Ленинград: Художественная литература. 1987.

Лотман, Юрий. "Символика Петербурга и проблемы семиотики города." Труды по знаковым системам. 18. Тарту. 1984.

Норрис, Стивен М. "Прогулка(2003)." Е.Васильева и Н.Брагинский, Ноев ковчег русского от «Стенькой Разина» до «Стиляг». Глобус-Пресс. 2012.

Степанов, Василий. Петербург как кино: статьи и фотографы. Санкт-Петербург: Мастерская СЕАНС. 2011.

Топоров, Владимир. "Петербург и 'Петербургский текст русской литературы'(Введение в тему)." Ритуал. Символ. Образ. Исследования в области мифопоэтического. Избранное. Москва: Прогресс.

1995.

Хеллберг-Хирн, Елена. *Печать империи: Постсоветский Петербург.* Санкт-Петербург: Европейский дом, 2008.

Boym, Svetlana. The Future of Nostalgia. New York: Basic Books. 2000.

Day, Jennifer. "Strange Spaces: Balabanov and the Petersburg Text." Slavic and East European Journal. Vol. 49, No. 4. 2005.

Norris, Stephen. "Strolls Through Postmodern Petersburg: Celebrating the City in 2003." Helena Goscilo and Stephen M. Norris (ed.). Preserving Petersburg: History, Memory, Nostalgia. Bloomington: Indiana University Press. 2008.

Oukaderova, Lida. "The Sense of Movement in Gorgii Daneliia's Walking the Streets of Moscow." Studies in Russian and Soviet Cinema. Vol. 4, No. 1. 2010.

Ousmanova, Almira. "'Window to Europe': Social and Cinematic Phantasms of the Post-Soviet Subject." Luisa Passerini, Liliana Ellena, and Alexander C.T. Geppert (ed.). New Dangerous Liaisons: Discourses on Europe and Love in the Twentieth Century. New York: Berghan Books. 2010.

Prokhorov, Alexander. "Debunking Myths Old and New: Iurii Mamin's Satires in Soviet and Post-Soviet Cinema." S. Graham and O. Mesropova (ed.). Uncensored?: Reinventing Humor and Satire in Post-Soviet Russia. Bloomington: Slavica. 2009.

Roberts, Graham. "East Meets West: Mapping the New Europe in Yury Mamin' s *A Window to Paris.*" Konstantarakos, Myrto. *Spaces in European C inema.* London: Intellect, 2000. pp. 178-188.

Song, Jenna J. "Accelerating the Future and Redeeming the Past: St. Petersburg Museology and Russian Ark." O'Neil, Catherine, Boudreau, Nicole and Krive, Sarah (eds.). *Poetics. Self. Place: Essays in Honor of Anna Lisa Crone.* Bloomington: Slavica Publishers, 2007. pp. 712-736.

16장

김용규. 『타르코프스키는 이렇게 말했다』. 서울: 이론과 실천. 2004.

김정란. "안드레이 타르코프스키의 『노스탤지어』." www.rannie.net/index2.htm

타르코프스키, 안드레이. 『봉인된 시간』, 김창우 옮김. 경북: 분도출판사. 1997.

Evlampiev, Igor'. *Khudozhestvennyi filosofiia Andreia Tarkovskogo.* Sankt-Peterburg: Aleteiia. 2001.

Turovskaia, Maia. *7 1/2 ili fil'm Andreia Tarkovskogo.* Moskva: Iskusstvo. 1991.

Bachelard, Gaston. *The Poetics of Space.* Boston, MA: Beacon Press. 1994.

Deltscheva, Roumiana and Vlasov, Eduard. "Back to the House, II: On the Chronotopic and Ideological Representation of Lem's Solaris in Tarkovsky's Film." *Russian Review* 56, 4: 532-549. 1997.

Gillespie, David. "Russia and the West in the Films of Andrei Tarkovsky." New Zealand Slavonic Journal. 49-61. 1993.

______ . *Russian Cinema.* Essex: Pearson Education Limited. 2003.

Goulding, Daniel J., ed. *Five Filmmakers: Tarkovsky, Forman, Polanski, Szabó, Makevej.* Bloomington: Indiana University Press. 1994.

Halligan, Benjamin. "The Long Take That Kills Tarkovsky's Rejection of Montage," *Central Europe Review* 2, 39. 2001. http://www.ce-review.org/00/39/kinoeye39_halligan.html

Johnson, Vida. T. and Petrie, Graham. *The Films of Andrei Tarkovsky: A Visual Fugue.* Bloomington: Indiana University Press. 1994.

Karriker, Alexandra Heidi. "In Search of Refuge: Functions of Nature in Tarkovsky's Films." *West Virginia University Philological Papers* 37: 158-166. 1991.

Malkolkina, Anna. "A Nostalgic Vision of Tarkovsky's Nostalgia," in Petrie Graham, ed. *Before the Wall Came Down: Soviet and East European Filmmakers Working in the West.* Landham, MD: University Press of America. 215-221. 1990.

Mitchell, Tony. "Andrei Tarkovsky and Nostalghia." *Film Criticism* 8, 3: 101-

110. 1984.

Ross, Bruce. “Nostalgia and the Childhood ‘Topoi’: Metaphors of Disruption and Transcendence in the Works of Joseph Brodsky, Marc Chagall and Andrei Tarkovsky.” *Analecta Hesserliana* 28: 307-323. 1990.

Singleton, Amy. Noplace Like Home: *The Literary Artist and Russia’s Search for Cultural Identity.* New York: State University of New York Press. 1997.

Tarkovsky, Andrei. *Sculpting in Time: The Great Russian Filmmaker Discusses His Art.* Trans. Kitty Hunter-Blair. Austin, TX: University of Texas Press. 1987.

Zizek, Slavoj. “The Thing from Inner Space.” Renata Salecl, ed. *Sexuation.* Durham: Duke University Press. 216-259. 2000.

17장

송희복. 『문학과 영화의 만남』. 서울: 월인, 2009.

Вартанов, А. и Сабашникова, Е. *Экранные искусства и литература: телевизионный этап.* Москва: Наука, 2000.

Аннинский, Лев. *Охота на льва.* Москва: Шар, 2000.

Гращенкова, Ирина. “Яков Протазанов—режиссер православного кино!?..” *Киноведческие записки* 88 (2008). с. 178-186.

Гуральник, У.А. *Русская литература и советское кино: экранизация классической прозы как литературоведческая проблема.* Москва: Наука, 1968.

Лотман, Ю. *Семиотика кино и проблемы киноэстетики.* Таллин: Ээсти Паамат, 1973.

Лурье, С. “Толстой и кино.” *Л. Н. Толстой.* Москва: Издательство АН СССР, 1939. Кн. II. с. 713-721.

Смирнов, Игорь. *Видеоряд: Историческая семантика кино.* Санкт-Петербург: Петрополис, 2009.

Янгиров, Рашит. *Другое кино: статьи по истории отечественного кино первой трети XX века.* Москва: Новое литературное обозрение, 2011.

Beumers, Birgit. *A History of Russian Cinema.* Oxford: Berg, 2009.

Denner, Michael. ""Be not afraid of greatness...": Leo Tolstoy and Celebrity." *Journal of Popular Culture,* Vol. 42, No. 4 (2009). pp. 614-645.

Denner, Michael. "The 'Proletarian Lord': Leo Tolstoy's Image During the Russian Revolutionary Period." Donna Tussing Orwin, ed. *Anniversary Essays on Tolstoy.* Cambridge: Cambridge University Press, 2011. pp. 219-244.

Gillespie, David. "The Literary Space." *Russian Cinema.* Essex: Pearson Education Limited, 2003.

Hutchings, Stephen. *Russian Literary Culture in the Camera Age: The Word as Image.* London: Routledge, 2004.

Hutchings, Stephen and Vernitskaia, Anat., ed. *Russian and Soviet Film Adaptations of Literature, 1900-2001: Screening the Word.* London: Routledge, 2005.

Makoveeva, Irina. *Visualizing Anna Karenina.* Ph.D Dissertation. University of Pittsburgh, 2007.

Marks, Steven G. *How Russia Shaped the Modern World: From Art to Anti-Semitism, Ballet to Bolshevism.* Cambridge: Harvard University Press, 2003.

Mohler, Sarah. T*he Prosaics of the Mind's Eye: Reader Visualization, Perspectival Engagement, and the Visual Ethics of Tolstoy's War and Peace.* Ph.D Dissertation. Princeton University, 2006.

Mitchell, Jolyon. "Portraying Religion and Peace in Russian Film." *Studies in World Christianity,* Vol.14, No. 2(2008). pp. 142-152.

Youngblood, Denise. *The Magic Mirror: Moviemaking in Russia, 1908-1918.* Madison: University of Wisconsin Press, 1999.

찾아보기

ㄹ

ㅁ

ㅂ

ㅅ

ㅈ

ㅊ

ㅋ

ㅌ

ㅍ

ㅎ

한국외국어대학교 러시아연구소
HK 연구사업단 학술연구총서 14

시네마트료시카

영화로 보는 오늘의 러시아

초판 인쇄 2015년 3월 18일
초판 발행 2015년 3월 25일

지은이 라승도
발행인 김인철
발행처 한국외국어대학교 지식출판원
130-791 서울특별시 동대문구 이문로 107
전화 02)2173-2495~7
팩스 02)2173-3363
홈페이지 http://press.hufs.ac.kr
전자우편 press@hufs.ac.kr
출판등록 제6-6호(1969. 4. 30)
디자인 · 편집 (주)이환디앤비 02)2254-4301
인쇄 · 제본 상지사피앤비 031)955-3636

ISBN 978-89-7464-120-7 94920 정가 13,000원
ISBN 978-89-7464-650-9 (세트)

*잘못된 책은 교환하여 드립니다.

HUINE은 한국외국어대학교 지식출판원의 어학도서, 사회과학도서, 지역학 도서 Sub Brand이다. 한국외대의 영문명인 HUFS, 현명한 국제전문가 양성(International +Intelligent)의 의미를 담고 있으며, 휴인(携引)의 뜻인 '이끌다, 끌고 나가다'라는 의미처럼 출판계를 이끄는 리더로서, 혁신의 이미지를 담고 있다.